Schreiben ist leicht.
Man muss nur die falschen Wörter weglassen.
Mark Twain

Schwimmen ist leicht.
Man muss nur die falschen Bewegungen weglassen.
Martin Tschepe

Über das Buch

Mit „Im Element" nimmt Martin Tschepe seine Leser mit auf ein paar Dutzend Schwimmreisen. 1975 hat er seinen ersten Wettkampf bestritten: 50 Meter Freistil. Heute schwimmt der Autor lieber deutlich längere Strecken. Der Exzess habe 2015 so richtig angefangen, sagt er augenzwinkernd. Mit der Neckarlängsquerung: 300 Kilometer in zwei Wochen und ohne Begleitteam. Zusammen mit seinem Freund Volker Heyn ist er von morgens bis abends gekrault, vorbei an idyllischen Landschaften und durch den Stuttgarter Industriehafen, mit einem Strahlen im Gesicht vorbei am Kernkraftwerk in Neckarwestheim, durch den Odenwald und bis nach Mannheim, wo der Neckar in den Rhein mündet. Martin Tschepe schwimmt seit Jahrzehnten durch alle möglichen und unmöglichen Gewässer. Er ist die ganze Sylter Westküste abgeschwommen und von Föhr nach Sylt gekrault. Viele Insulaner hatten ihn gewarnt: viel zu gefährlich, du ertrinkst. Er ist angekommen. Tschepe ist im Atlantik einmal um St. Mary's herumgekrault, er hat die zehn größten und viele kleine Seen Deutschlands bezwungen. Er hat in der Regnitz und im Main-Donau-Kanal Bamberg umrundet. Für diese Aktion musste er 100 Euro Bußgeld bezahlen und sagt: Schwimmen in der Regnitz ist ziemlich teuer, aber man kann sein Geld schlechter anlegen.

Über den Autor

Martin Tschepe ist 1965 in Berlin geboren. Er ist in Ludwigsburg am Neckar und in Hörnum/Sylt an der Nordsee aufgewachsen. Tschepe ist Redakteur der Stuttgarter Zeitung, er schreibt als freier Autor auch für andere Medien, unter anderem für die Sylter Rundschau und für swim.de. Tschepe hat an der Dualen Hochschule in Stuttgart und in Jerusalem Sozialpädagogik studiert, anschließend Journalistik an der Uni Hohenheim. Er war drei Jahre lang Redakteur der Backnanger Kreiszeitung. Nach der Auszeichnung mit dem Lokaljournalisten-Preis der Konrad-Adenauer-Stiftung ist er vom damaligen Lokalchef der Stuttgarter Zeitung, Martin Hohnecker, zur StZ geholt worden. Seit 2018 hat Tschepe auf eigenen Wunsch sein Pensum als fest angestellter Redakteur auf 50 Prozent reduziert. Mit seinen Sportaktionen sammelt er Geld für ein Schwimmprojekt, das sein SV Ludwigsburg für Menschen mit Behinderung gestartet hat.

Martin Tschepe

Im Element

Geschichten vom Schwimmen

Fotos: Tanja Engels, Anna Fischer, Reiner Koch, Claudia
Regemann, Michael Schmidt, Claudia Tschepe, Eberhard
Tschepe, Martin Tschepe
Vielen Dank an:
Eberhard Tschepe für den technischen Support,
Sabine Bobsien, Sabine Jakob, Meike Tschepe
für das Korrekturlesen,
Fania Tschepe, Lektorat

Sie können dem Autor auf facebook folgen
oder eine E-Mail schreiben: martin@tschepe.de

Bibliografische Information der Deutschen Nationalbibliothek:
Die Deutsche Nationalbibliothek verzeichnet diese Publikation
in der Deutschen Nationalbibliografie; detaillierte bibliografische
Daten sind im Internet über dnb.dnb.de abrufbar.
© 2018 Martin Tschepe
Herstellung und Verlag:
BoD – Books on Demand, Norderstedt
ISBN: 9783752848281

Inhalt

Einschwimmen
Anstelle eines Vorworts

Es ist ein Skandal. Über den zwar gelegentlich gesprochen wird. Trotzdem tut sich fast nichts. Weit mehr als die Hälfte aller Viertklässler in Deutschland können beim Wechsel auf eine weiterführende Schule nicht oder nicht gut genug schwimmen. Seit Jahren ist das schon so. Obwohl in den Lehrplänen doch steht: Nach der Grundschule müssen alle Mädchen und Buben sichere Schwimmer sein. Wasser verpflichtet - Eltern, Lehrer, Politiker, jeden. Alle müssen mehr dafür tun, dass künftig weniger Menschen ertrinken. Die Zahlen sind alarmierend. Jahr für Jahr ertrinken in Deutschland einige hundert Menschen, die meisten in unbewachten Seen und Flüssen. Kommunen schließen ihre Bäder oder eröffnen Spaßbäder, in denen man nicht wirklich schwimmen (lernen) kann. Städte und Gemeinden locken die Menschen aber in die Seen auf ihren Markungen. Sie müssen garantieren, dass zumindest alle offiziell genehmigten Badeplätze von Rettungsschwimmern überwacht werden. Sicher, das kostet viel Geld. Aufsichtspersonal an jedem Badegewässer? Wer, bitte schön, soll das denn bezahlen, fragen nicht nur die Bürgermeister der oft kleinen, mitunter finanzschwachen Gemeinden. Vorschlag: Jede Kommune lässt pro Einwohner und Jahr einen Euro springen. Allein in Baden-Württemberg zum Beispiel kämen gut zehn Millionen Euro zusammen. Mit dieser Summe könnten viele Wasserretter bezahlt werden. Nehmt euch die Tourismusorte an der Nord- und der Ostsee als Vorbild! In meiner zweiten

Heimat, auf Sylt, und auf den anderen Inseln in Schleswig-Holstein und in Niedersachsen ertrinken vergleichsweise wenig Menschen, weil die hauptamtlichen Lebensretter während der Saison so gut aufpassen.

Noch wichtiger ist indes, dass wirklich alle Kinder gut schwimmen lernen. Öffnet und saniert Schwimmbäder! Reine Spaßbäder sollten nur private Unternehmen betreiben. Schwimmen lernen können Kinder (und Erwachsene) auch in kleinen, vergleichsweise preiswert zu unterhaltenden Lehrschwimmbecken. Bestenfalls schon vor dem Schulbeginn bei den eigenen Eltern oder im Schwimmclub. Spätestens aber im Unterricht. Wer schwimmen kann, ertrinkt nicht. Schwimmen ist das einzige wirklich lebensnotwendige Schulfach. Oder ist schon mal jemand gestorben, weil er nicht so gut rechnen konnte? Oder lesen? Oder turnen? Das Seepferdchen-Abzeichen kann nur der Anfang sein. Kinder, die sich mit Ach und Krach 25 Meter weit über Wasser halten, sind keine sicheren Schwimmer. Das Deutsche Schwimmabzeichen in Bronze muss es mindestens sein: 200 Meter weit schwimmen in höchstens 20 Minuten, ein Sprung vom Startblock, zwei Meter tief tauchen, Kenntnis der Baderegeln.

Vorbild für viele andere Kommunen können die Stadt Ludwigsburg und mein Schwimmverein Ludwigsburg sein. Im Rahmen eines Kooperationsprojekts, das von der Stadt finanziert wird, bekommen viele Schulkassen einen zweiten Lehrer im Schwimmunterricht bezahlt. Der eine Pädagoge kümmert sich um die Kinder, die schon schwimmen können, der andere betreut jene, die erst noch schwimmen lernen müssen. Nur so haben wirklich alle Kinder die Möglichkeit, im Schulunterricht schwimmen zu lernen.

Wasser verführt - alle, die gut schwimmen können. Also krault euch frei! Wer in der Schule oder im Verein oder wo auch immer, gelernt hat, wie das geht, gut und sicher zu schwimmen: springt in die Gewässer. In Deutschland und im europäischen Ausland kann man in ungezählten Seen, in Flüssen und im Meer toll kraulen.

In diesem Buch erzähle ich von meinen coolen und manchmal ziemlich kühlen Schwimmausflügen. Wer sich frech und ohne zu fragen in die Gewässer wagt, der gewinnt: jede Menge Spaß und Fitness, neue Freunde und tolle Erkenntnisse. Ich wünsche allen Lesern und Schwimmern immer mindestens eine Handbreit Wasser unterm Kiel.

Alles im Fluss

Neckarblogbuch

Manche nennen uns Extremschwimmer. Andere sagen breit grinsend: Richtig, Jungs, ihr zwei seid echt extrem, extrem bescheuert. Vermutlich stimmt beides. Ganz bestimmt werden wir uns noch selbst verfluchen wegen dieser Schnapsidee, die seit Jahren in unseren Köpfen herumspukt: Jetzt wird es für uns in Sulz am Neckar bierernst. Dann gibt es kein Zurück mehr.

Mein Freund Volker Heyn und ich wollen den Neckar bezwingen. Nicht zu Fuß oder auf dem Radsattel immer am Ufer entlang. Auch nicht in einem Kanu oder einem Ruderboot. Wir wollen schwimmen, gut 300 Kilometer weit kraulen. Bis zur Mündung des Flusses in den Rhein. Wir werden in Sulz starten. Zwischen der Neckarquelle bei Schwenningen und Sulz ist der Fluss leider nicht viel mehr als ein trauriges Rinnsal. Diesen Abschnitt werden wir notgedrungen auf unseren Rädern zurücklegen, der Neckar ist hier beim besten Willen nicht schwimmbar.

Am ersten Tag wollen wir die Bikes gegen Mittag nach etwa 60 Kilometern in Sulz im Rathaus abstellen, ins Wasser steigen und dann täglich im Durchschnitt geschätzt knapp 30 Kilometer zurücklegen. Unser Minimalgepäck ziehen wir in wasserfesten Säcken hinter uns her: T-Shirt, Hose, Handy, Handtuch, Zahnbürste, Kreditkarte und ein bisschen Bargeld, viel mehr wird nicht reinpassen. Wir haben keine Begleiter an Land, würden aber gerne bei Privatleuten unterkommen, die wir größtenteils bis dato noch nicht kennen. Wo wir essen? Keine Ahnung. Wir werden am Ufer schon alle paar Stunden ein Gasthaus oder zumindest eine Imbissbude finden. Oder nette Menschen, die uns etwas zustecken, vielleicht eine Banane oder ein belegtes Brötchen oder eine Cola.

Die ersten Stationen haben wir grob ins Visier genommen, wissen aber nicht, ob der ehrgeizige Zeitplan einzuhalten ist. Am ersten Tag haben wir vor, nach der Radtour noch bis nach Horb zu kraulen - rund 15 Kilometer - und im Gasthof Zum Schiff abzusteigen. Der Name passt doch ganz gut zu so einem Flussprojekt. Dann die längste Etappe, fast 40 Kilometer bis Tübingen, allerdings mit ordentlich Rückenwind. Bis Plochingen dürfte uns die Strömung des Neckars beim Vorankommen ein bisschen helfen. Später ist der Fluss schiffbar, die vielen Schleusen bremsen seine Fließgeschwindigkeit fast auf null.

Später wollen wir in Neckarhausen bei Nürtingen ankommen, wo uns mein Redakteurskollege Thomas Faltin für die Nacht aufnimmt. Ganz dick im Kalender markiert ist der Tag genau in der Mitte unseres Schwimmtrips: Wir wollen gerne in Ludwigsburg Station machen, auf dem Gelände unseres Schwimmvereins direkt am Neckarufer, inklusive Fest für alle, die uns treffen wollen. Am folgenden Tag nehmen uns Freunde in Kirchheim auf. Alles Weitere wird sich schon ergeben. Wir sind und bleiben optimistisch. Ein paar andere Schwimmer wollen uns abschnittsweise im Neckar begleiten. Gerne. Am allerliebsten wären uns freilich Mitschwimmer, die uns nach der Tagesetappe für die kommende Nacht gleich zu sich nach Hause einladen.

Wir haben mehrere Sponsoren. Einer dieser Gönner hat versprochen, alle Übernachtungen am Neckarufer zu bezahlen. Das Geld, das wir sparen, falls wir privat unterkommen sollten, fließt komplett in unsere Spendenkasse. Wir sammeln für ein Schwimmangebot für behinderte Menschen in Ludwigsburg.

„Bahn9" haben wir unser Neckar-Projekt getauft. Denn von „Bahn neun" hat der Bademeister im Freibad in Ludwigsburg-Hoheneck, das direkt am Neckar liegt, früher immer kurz vor Badeschluss gesprochen. Wer jetzt noch schwimmen wolle, nach der Schließung der acht Bahnen des 50-Meter-Sportbeckens, so der Mann in Weiß augenzwinkernd über die Lautsprecheranlage, der könne gerne auf die Bahn daneben ausweichen. Sprich: im Neckar weiterschwimmen. Lange her.

Damals, Ende der siebziger, Anfang der achtziger Jahre, war der Fluss noch richtig dreckig, meterhohe Schaumkronen vor den Schleusentoren schreckten uns ab. In dieses Wasser wollte ganz bestimmt niemand freiwillig reinspringen. Wir haben das Angebot des Bademeisters deshalb auch lieber nicht angenommen und doch gelegentlich darüber gesprochen, wie es wohl wäre, wenn wir im Neckar schwimmen würden. Die Idee war also seit langem im Kopf, und irgendwann muss so eine Idee halt mal raus aus dem Schädel.

Jahre später war es dann so weit. 2008 feierte unser Schwimmverein Ludwigsburg seinen 100. Geburtstag und richtete erstmals ein Neckarschwimmen aus, war meine Idee, als Reminiszenz an die guten alten Zeiten. Denn in den Anfangsjahren des Vereins haben die Schwimmer im Neckar trainiert und auch so manchen Wettkampf in dem Fluss bestritten. Seit 2008 geht jeden Sommer ein Neckarschwimmen über die Bühne, für Leistungssportler und Hobbyschwimmer, mit Start und Ziel beim Bootssteg unserer SVL-Kanuten. Volker und ich trainieren seither oft im Neckar, gelegentlich sogar im tiefsten Winter.

Im Herbst 2013 haben wird uns zusammen mit Reiner Koch, dem Enkel von einem der Gründer des Ludwigsburger Schwimmvereins, am landesweiten Neckaraktionstag beteiligt. Wir sind vom Freibad aus fast durch den ganzen Kreis Ludwigsburg gekrault, vorbei an Marbach und Benningen, Mundelsheim und Besigheim bis nach Kirchheim, 30 Kilometer weit. Wir waren begeistert. Volker damals: „Das war voll geil, viel besser als in einem See, weil: Es scheint nie aufzuhören." Dann der spontane Vorschlag: „Das nächste Mal schwimmen wir den ganzen Neckar."

Jetzt also beginnt dieses nächste Mal. Wir wollen mit der Aktion zeigen, dass es möglich ist, verrückte Ideen zu verwirklichen. Dass man kein Profischwimmer sein muss, um bis Mannheim zu kraulen. Dass viele sportliche Leistungen reine Kopfsache sind. Unser langjähriger Trainer Hans Trippel hat uns früher immer beherzt zugerufen: „Ich kann, ich will, ich muss." „Bahn9" ist auch eine Hommage an diesen Ludwigsburger Trainer - und an unseren Fluss, an dessen Ufer wir groß geworden sind.

Unbedingt wollen wir auch unser zweites Ziel erreichen: das Startkapital für das Behinderten-Schwimmprojekt beschaffen. Zunächst aber müssen wir weit schwimmen und in Mannheim ankommen. Wir haben ordentlich trainiert, in den vergangenen Wochen täglich, oft im Neckar. Zur Vorbereitung sind wir bei ungewöhnlichen Wettbewerben gestartet, zum Beispiel bei den Internationalen Deutschen Meisterschaften im Wildwasserschwimmen auf einer Kajakstrecke im tosenden Inn. Die ersten Ice Swimming German Open in Bayern waren eine ganz besondere Herausforderung: nur mit einer Badehose und einer Kappe bekleidet bei fünf Grad Wassertemperatur im Wöhrsee.

Während der Neckarlängsquerung warten einige Unannehmlichkeiten auf uns. Wir müssen alle Wehre und Schleusen im Fluss frühzeitig erkennen und umgehen. Dafür haben wir einen Kanuführer im Gepäck, der jeden Meter beschreibt. Wir müssen auf den Schiffsverkehr achten und immer nah am Ufer bleiben. Die Transportschiffe können nämlich nicht ausweichen. Und die Kapitäne der Sportboote erwarten vermutlich auch keine Schwimmer im Neckar. Ob wir den Fluss zwischen Heidelberg und Mannheim, wo der Fluss sehr schmal und das Verkehrsaufkommen besonders hoch ist, tatsächlich schwimmend bezwingen können, auch das muss sich noch zeigen. Wenn alles nach Plan läuft, dann sind wir nach etwa zwei Wochen am Ziel. Und wenn es ein bisschen länger dauern sollte: egal.

Es kommt auf den einen oder anderen Tag zusätzlich im Neckar nicht an. Also los, let's rock the River! Ich freue mich extrem. Extremschwimmer halt.

Tag eins

Der symbolische Start in Schwenningen ist geglückt. Das war aber auch kein größeres Problem. Wir sind Punkt 17 Uhr in den Tümpel neben der Neckarquelle gestiegen und ein paar Mal hin und her gekrault. Temperatur des knietiefen Gewässers: geschätzt rund 25 Grad. Den Boden kann man nicht sehen. Ziemlich braun ist die Brühe. Macht nix. Trotzdem ein schönes kleines Training für die nächste Etappe. Am nächsten Tag wollen wir von Schwenningen bis nach Sulz biken, weil der Neckar zu flach ist - und dann noch von Sulz bis nach Horb schwimmen. Gut möglich, dass das Wasser im Neckar hinter Sulz kaum tiefer ist als in dem Schwenninger Tümpel bei der Quelle. Dafür haben wir also schon ein bisschen geübt.
Kälter ist der Fluss aber ganz bestimmt, und das Wasser dürfte klarer sein. Volker hat das Tümpelwasser nicht so gut gefallen, moosig, sagt er. Ich finde, es riecht ganz angenehm. Geschmackssache halt. Ein paar Einheimische, die uns beobachtet haben, sagten, dass bis dato vermutlich noch nie jemand in dem flachen Gewässer am Stadtrand geschwommen sei. Jetzt gehen wir zünftig essen, trinken ein oder zwei Bier und dann ab in die Falle.

Tag zwei

Ein grandioser Schwimmnachmittag ist zu Ende. Nach dem Empfang im Rathaus in Sulz inklusive der Ansprache eines sportbegeisterten Bürgermeisters sind wir nach Plan um 14 Uhr mitten in Sulz in den Neckar gestiegen und losgekrault. Zum Start unseres Neckarschwimmens waren ein paar Dutzend Bürger gekommen. Der Neckar zwischen Sulz und Horb ist an einigen Stellen ein reißender (und reizender) kleiner Fluss. Stellenweise sind wir mit geschätzt acht Kilometern in der Stunde durch die Täler geschossen. Manchmal indes mussten wir waten oder beim Schwimmen höllisch aufpassen, der Fluss ist mitunter nur wenige Zentimeter tief. Das Neckarwasser dürfte etwa 16 bis 18 Grad haben. Aber meistens hat uns die Sonne ein bisschen gewärmt. Der dunkle Neoprenanzug wirkt zudem wie ein Sonnenmagnet.

Nach ein paar umwanderten Wehren und einigen Treffen mit Kanufahrern sind wir gegen 18 Uhr in Horb angekommen, nach etwa 17 Kilometern im Wasser. Die Nacht verbringen wir im Gasthaus Zum Schiff. Nach der warmen Dusche serviert uns die Chefin demnächst einen Rostbraten und Spätzle - obwohl die Küche an diesem Tag eigentlich kalt bleibt. Aber für die zwei Neckarschwimmer wird mal eine Ausnahme gemacht. Vielen Dank.

Tag drei

Die meisten Leute, die wir unterwegs treffen, sind begeistert von unserer Schwimmaktion. Manche erklären uns für verrückt. Schwimmverrückt eben. Von den Behörden haben wir kontroverse E-Mails erhalten: Das Landratsamt Esslingen hat die aller größten Bedenken wegen des angeblich so dreckigen Neckarwassers. Schwimmen sei keine gute Idee. Ein leitender Mitarbeiter der Stadt Esslingen indes hat telefonisch erklärt, dass er uns in Esslingen am Neckarufer in Empfang nehmen und mit uns feiern wolle.

Am Abend sind wir in Tübingen angekommen - nach etwa 37 Kilometern im Neckar und neun Stunden Schwimmzeit. Die Arme sind schwer, die Mägen knurren. Aber wir sind happy. Ich bin noch nie mehr als 30 Kilometer weit gekrault, Volkers Rekord dürfte bei rund 15 Kilometern liegen. Der

Flussabschnitt zwischen Horb und Rottenburg ist wild-romantisch, das hat für manche Qual entschädigt. Und wir haben uns zu wahren Flachwasserspezialisten entwickelt. Mittlerweile können wir selbst bei lediglich 30 Zentimetern Tiefe fast einwandfrei kraulen. Unser alter Ludwigsburger Schwimmtrainer Hans Trippel wäre begeistert . Oder auch nicht. Gut möglich, dass er zum Neckarschwimmen bis nach Mannheim kurz und knapp sagen würde: „Des isch an Scheiß." Still und heimlich wäre er aber trotzdem stolz auf seine zwei Buben im Fluss, die Schlagzeilen in den Lokalzeitungen machen.

Die ungezählten Schaulustigen, die uns immer wieder vom Ufer und von den Brücken aus anfeuern, strahlen. Oft fragen sie: „Seid ihr die Zwei aus der Zeitung?" Viele Lokalblätter haben schon vor dem Start von unserem Schwimmen berichtet.

Die letzten paar Kilometer bis nach Tübingen hat uns ein Stocherkahn begleitet, angeheuert von unserem Freund, dem Videofilmer Mario Raster. Wir freuen uns schon auf seine Bilder. Mittlerweile sind wir auf Einladung des Landestheaters in netten Zimmen in Tübingen abgestiegen. Eigentlich übernachten hier Künstler. Aber wir sind zurzeit ja auch irgendwie Künstler, Lebenskünstler.

Tag vier

Rund zwei Stunden früher als am Vortag: Ankunft am Etappenziel Nummer drei, Neckarhausen. Es gibt wohl kaum einen passenderen Ortsnamen für den Stopp, wenn man im Neckar unterwegs ist. Heute Morgen hinter Tübingen war unser Fluss sehr gut schwimmbar, viel besser als erwartet. Wir hatten eigentlich mit vielen Flachstellen gerechnet. Knapp zehn Kilometer weit sind wir flott vorangekommen. Doch dann mussten wir immer wieder laufen, mal im Neckar, mal draußen am Ufer. Von den insgesamt rund 26 Kilometern waren wir bestimmt zwei per pedes unterwegs: swim and hike. An einigen Stellen sind wir wieder blitzschnell gewesen. Volkers GPS-Uhr hat errechnet, dass wir einmal einen Kilometer lang mit einer Schnittgeschwindigkeit von 53 Sekunden auf 100 Meter durch den Neckar gepflügt sind. Trotzdem haben wir wieder „nur" einen Schnitt von vier Kilometern pro Stunde geschafft. Gegessen haben wir in Mittelstadt, nicht unbedingt die klassische Sportlernahrung: Pommes, Currywurst, Cola, Kaffee. Lag uns schwer im Magen. Aber die Akkus waren wieder voll. Am Ende des Tages zwickt die Schulter, bei mir die rechte, bei Volker die linke. Sonst ist alles gut. Darauf und auf die nächste Etappe bis nach Esslingen trinken wir jetzt erstmal ein Weizenbier, vielleicht auch zwei. Prost.

Tag fünf

Toller Empfang in Esslingen bei den Kanuten. Max Pickl, der stellvertretende Leiter des Sportamts der Stadt, überreicht uns unmittelbar nach der Ankunft zwei Flaschen Esslinger Kesslersekt und erklärt breit grinsend: „Wie ihr die nach Ludwigsburg transportiert, ist euer Problem." Der Tag hat nach Neckarhausen mit schönen Schwimmstrecken begonnen. Wir mussten aber wieder mehrmals raus aus dem Fluss, denn das Wasser war selbst für uns, die mittlerweile geübten Flachwasserkrauler, zu seicht. In Plochingen haben wir eine längere Mittagspause eingelegt und mal wieder zünftig gespeist: Im Biergarten wurden Schnitzel und wilde Kartoffeln aufgetischt, dazu Cola und danach Espresso. Dann gleich wieder rein in den Fluss, den wir längst lieb gewonnen haben.
Kurz vor Plochingen verändert sich der Neckar radikal: Aus einer Art Bergbach wird eine Bundeswasserstraße. Der Neckar ist nun nicht mehr schmal und reißend, sondern breit, er fließt gemächlich dahin. Wir teilen uns den

Neckar nun nicht mehr mit ein paar Kanuten, sondern auch mit riesigen Lastkähnen. Die Schleusen müssen (und wollen) wir umlaufen. Das geht in den nächsten Tagen so weiter. Bis Mannheim warten rund zwei Dutzend weitere Staustufen. Das Neckarwasser schmeckt nun gar nicht mehr nach Gebirge und Natur, sondern ein bisschen ölig. Aber das Beschwimmen des Hafens in Plochingen war ein tolles Erlebnis. Wir sind vorbeigekrault an großen Schiffen und an staunenden Hafenarbeitern.

Morgen wollen wir gegen 9 Uhr starten, wieder bei den Kanuten. Und wieder will Herr Pickl vorbeischauen. Für diese Nacht hat uns ein Esslinger aufgenommen, er hatte in der Stuttgarter Zeitung meine Geschichte über unser geplantes Neckarschwimmen gelesen, dass wir spenden Sammeln für ein Schwimmprojekt für behinderte Menschen, dass wir gerne privat unterkommen würden. Vielen Dank. Weitere Angebote sind willkommen, speziell für die letzten Etappen hinter Kirchheim.

Tag sechs

Angekommen in Stuttgart-Hofen, ein grandioser Empfang, organisiert vom Ruderclub und vom Netzwerk Neckarfreude. Am Morgen sind wir mitten in Esslingen von Herrn Pickl von der Stadtverwaltung verabschiedet worden. Ein paar Stunden lang hat uns dann ein SWR-Team begleitet und ein bisschen vom Schwimmen abgehalten. Aber wir freuen uns auf den Film, der am Tag nach unserer Ankunft in Mannheim im dritten Programm gesendet wird. Auch deshalb sollen wir ankommen am Ziel. Das Umlaufen der Schleusen klappt immer besser. Oft bekommen wir von den Mitarbeitern, die die Schleusen beaufsichtigen, Tipps. Auch die Männer der Wasserschutzpolizei sind freundlich. Auch das Durchschwimmen des Stuttgarter Hafes war ein tolles Erlebnis, wie in Plochingen. Wer kann schon von sich behaupten, dass er direkt am Gaskessel vorbeige-krault ist? Jetzt sitzen wir auf der Terrasse unserer Gast-geberin Alex, direkt am Neckar mit Blick auf den Fluss. In keinem Hotel würde es uns besser gefallen. Neckar-freunde unter sich. Alex ist leidenschaftliche Kanufahrerin, sie schwimmt gerne im Fluss. Morgen werden wir wohl etwas früher starten als sonst, wir sollten gegen 12.30 Uhr bei der Schleuse in Poppenweiler sein. Dort treffen wir ein paar Ludwigsburger Neckarguides, die uns an Bord eines Schiffes der weißen Flotte begleiten wollen. Gegen 13 Uhr will uns ein Vertreter der Stadt Ludwigsburg empfangen.

Tag sieben

Schöner Empfang in Ludwigsburg auf unserem Vereinsge-lände direkt am Neckarufer. Wir sind früh am Morgen in Hofen gestartet und einigermaßen flott vorangekommen, aber nicht ganz so schnell wie erwartet. Kaum Strömung, aber Wind von vorne und dann noch die Gepäckboje im Schlepptau, die mitunter wie ein Bremsfallschirm wirkt. Das Wasser bei Aldingen war gar nicht so schlecht wie befürchtet, das Abwasser der dortigen Kläranlage hat uns jedenfalls bis dato nicht geschadet. Gegen 12.40 Uhr ha-ben wir die Staustufe in Poppenweiler erreicht und das Boot der weißen Flotte, das uns begleiten wollte, leider verpasst. Das Schiff muss unten in der Schleusenkammer gewesen sein, als wir die Schleuse umlaufen haben. Am frühen Nachmittag haben wir in unserer Vereinsgaststät-te erstmal Cola und Bier getrunken, Gyros und Kuchen gegessen und dann noch Kaffee bestellt. Bis in die Nacht hinein sind wir noch wach und erwarten alle Freunde und Neugierigen, die uns treffen wollen. Eben sind rund ein Dutzend Interessierte da. Wir werden in unserem Ver-einsheim übernachten und morgen früh in Richtung Mar-bach starten. Zwei Begleiter haben sich angekündigt; sie wollen ein paar Kilometer mit uns schwimmen.

Tag acht

Der kurze Schwimmtag ist längst zu Ende. Wir sind flott von Ludwigsburg bis nach Freiberg gekrault. Die Kilometer bis Pleidelsheim, die wir eigentlich noch machen wollten, sind leider tabu, das ist eine der wenigen Auflagen des Wasser- und Schifffahrtsamts.

Zum Glück haben wir kurz vor dem Start noch einmal das Schreiben der Behörde gelesen. Der Kanalabschnitt zwischen Freiberg und Pleidelsheim ist zu schmal zum Schwimmen, jedenfalls wenn ein Schiff kommen sollte. Unterwegs haben wir Halt in einem Biergarten hinter Marbach gemacht und die Mägen mit Cola desinfiziert. Bei Freiberg sind wir von meinem Schul- und Schwimmfreund Martin Schugt abgeholt worden. Im Haus der Triathlonfamilie Schugt haben wir ein Zimmer bezogen. Jetzt werden wir mit Pasta versorgt. Martin war ein Top-Triathlet, sportelt aber nur noch aus Spaß an der Freude, seine beiden Töchter hingegen sind bei Wettkämpfen schnell unterwegs. Die Gespräche beim Essen kreisen oft um das Thema Sport. Morgen wollen wir gegen 10 Uhr in Pleidelsheim starten und bis nach Kirchheim schwimmen, wieder nur knapp 20 Kilometer. In Kleiningersheim will uns eine Schulklasse empfangen. Unseren Armen, Schultern und allen anderen Körperteilen geht es übrigens sehr gut.

Tag neun

Ein ziemlich kühler Schwimmtag ist zu Ende. Wir sitzen in Kirchheim bei einem guten Kumpel, der uns eben einen tollen Spätburgunder aus Brackenheim serviert. Sein Haus steht auf einem Gelände, auf dem früher der alte Neckar geflossen ist. Das ist aber sehr lange her.

Wir sind knapp 20 Kilometer weit gekommen an diesem Tag, waren recht flott unterwegs: den schnellsten Kilometer sind wir in gut 14 Minuten gekrault, den langsamsten in etwa 16. Der Neckar hilft zwar immer ein bisschen mit, wir schwimmen ja mit der Strömung, aber der Wind kam ständig von vorne und der Gepäcksack bremst auch wieder ein bisschen.

Wir sind von Tag zu Tag mehr begeistert von unserem Neckar. Man muss keinesfalls weit weg fahren, um einen echten Abenteuerurlaub zu erleben. Der Fluss und sein Ufer bieten die tollsten Gelegenheiten, längst nicht nur zum Schwimmen. Heute haben wir bestimmt ein Dutzend Kanus gesehen. Eine Schwanattacke haben wir überstanden. Und so richtig gefroren haben wir nur beim Umlaufen der Schleusen. Beim flotten Schwimmen im geschätzt 18 Grad kühlen Neckar heizt der Körper sich ganz gut auf.

Jetzt kommt mein Kumpel und tischt uns Grillwürste auf, seine Gattin stellt Nudeln und Gemüse dazu. Mahlzeit.

Morgen wollen wir rund 25 Kilometer schwimmen.

Tag zehn

Es ist später geworden als gedacht: Am Abend sind wir gut angekommen in Neckarsulm. Wir haben uns bei zwei Stopps länger aufgehalten als geplant.

Gleich in Lauffen an der Schleuse hat uns ein Schwimmkollege aus Ludwigsburg abgefangen und in einen Biergarten entführt. Dann sind wir weitergekrault, zunächst bis nach Heilbronn. Wir haben bei einer Stippvisite in einem Café direkt am Neckarufer viele Fragen beantwortet. „Was macht ihr denn? Hat das schon mal einer gemacht?" Keine Ahnung, ob jemals ein Schwimmer durch den ganzen Neckar gepflügt ist, mit dem kompletten Gepäck für zwei Wochen im Schlepptau. Vermutlich nicht.

Nach je zwei Stück Kuchen und Kaffee sind wir dann mitten durch Heilbronn geschwommen. Einmalig! Vorbei an vielen Schaulustigen, an alten Backsteinfassaden und modernen Gebäuden - wieder ein tolles Erlebnis. Auf dem Weg nach Neckarsulm haben wir beim Nach-rechts-Atmen Industrieanlagen und ein riesiges Kraftwerk gesehen, beim Nach-links-Atmen grüne Idylle. Nach dem Duschen im Hotel sitzen wir jetzt in der Gaststube, trinken Weizenbier, warten auf Fleisch und Spätzle. Heute sind wir etwa 25 Kilometer weit geschwommen, morgen stehen wieder etwa 25 Kilometer an, nach Neckarelz.

Tag elf

Unser Etappenziel Neckarelz ist ein schöner Ort, auch bei Regen. Wir haben im Hotel eingecheckt und sind sofort - noch mit dem Neoprenanzug bekleidet - in die Dusche gestiegen. Endlich warmes Wasser. Die etwa 25 Kilometer lange Strecke von Neckarsulm bis nach Neckarelz, einem Teilort von Mosbach, ist eine schöne Etappe gewesen. Es war aber wirklich auch ganz schön kalt. Wir sind vorbei geschwommen an Wäldern und an Weinbergen, an mehreren kleinen und größeren Burgen, auch an ein paar Industrie- und Hafenanlagen.

Gegessen haben wir mittags in der Imbissbude eines Campingplatzes, die eigentlich geschlossen war. Doch die Betreiberin hatte Erbarmen mit den zwei unterkühlten Neckarschwimmern und hat uns nach einer heißen Dusche Pommes, Würste und Cola aufgetischt. Die verdutzte Dame wollte zunächst gar nicht glauben, was wir seit vielen Tagen tun: nach Mannheim schwimmen.

„Bis nach Mannheim? Das gibt's doch gar nicht." Doch, wir sind immer noch unterwegs, und uns geht es nach wie vor erstaunlich gut. Keine Schmerzen, keine Erkältung und auch keine Magenverstimmung wegen des (angeblich) so verdreckten Wassers. Aber abwarten, wir sind noch nicht am Ziel. Es kann immer noch alles Mögliche passieren. Den großen Frachtschiffen können wir zwischenzeitlich recht gekonnt ausweichen. Am Vormittag mussten wir gleich an zwei Kähnen auf einmal vorbeiziehen, einer kam von vorne, einer von hinten. War kein Problem. Morgen geht's weiter im Neckar - der Zielort ist Eberbach. Wieder etwa 25 Kilometer.

Tag zwölf

Das Etappenziel Eberbach haben wir mit Unterstützung von vier charmanten, schnellen Schwimmerinnen des TV Eberbach erreicht. Unsere Mitschwimmer sind gut drei Kilometer vor Eberbach vom Vorsitzenden der Schwimmabteilung, Andreas Kohler, aus dem Auto geworfen worden. Vier Engel für Bahn9. Die Begleitung im Wasser hatte nicht nur den Vorteil der reizenden Mitschwimmerinnen. Wir mussten unsere Gepäcksäcke ausnahmsweise mal nicht ziehen, sie wurden von Andreas im Auto chauffiert. Das Schwimmen zu sechst war eine schöne Abwechslung. Im Ziel, direkt bei unserem Hotel, sind wir von zwei Lokalreporterinnen und vom Bürgermeister in Beschlag genommen worden. Der Tag im Wasser war wieder kalt, aber kein Kalter. Wir sind bei bedecktem Himmel gekrault, bei einem kurzen Hagelschauer, bei Regen, aber auch bei Sonnenschein. Aprilwetter im Sommer.
Wir sind wieder an ein paar imposanten Burgen und kleinen Schlössern vorbeigekommen. Teilweise haben wir Neckarabschnitte beschwommen, die aussehen wie die Landschaft in Skandinavien. Der breite Fluss schlängelt sich durch bewaldete Berge, durch Gegenden, die kaum bis gar nicht bewohnt sind. Der Odenwald ist halt schön, ein Geheimtipp.
Die Mittagspause haben wir wie gestern unter der Dusche eines Campingplatzes verbracht und danach Pommes gegessen und jeder einen Liter Cola getrunken. Jetzt sitzen wir mit Andreas und einem Schwimmer aus Gmünd, der

zurzeit zu Gast in Eberbach ist, zusammen. Morgen machen wir einen „Ruhetag", mit nur rund zehn Kilometern. Dann lassen wir uns wieder zurückfahren nach Eberbach, am Tag darauf wird uns eine der TV-Schwimmerinnen zum Start fahren. Wir haben ja immer gesagt: Kann sein, dass wir hinten raus den ein oder anderen Tag einschieben. Wir sind schließlich im Urlaub.

Tag dreizehn

Zweiter Abend in Eberbach. Eben sind wir aus der Sauna unseres Hotels gestiegen, in der Schwitzkabine war es gefühlt zehnmal so warm wie im Neckar. Dieser Tag, den wir augenzwinkernd zum Ruhetag erklärt haben, hat gleich nach dem Frühstück mit Schwimmen begonnen, aber halt „nur" mit gut zehn Kilometern. Wir sind gegen 8 Uhr zusammen mit den zwei Bettinas vom TV Eberbach drei Kilometer weit gekrault, so schnell wie schon lange nicht mehr. Ohne die Gepäcksäcke und ohne Wasserschuhe waren wir wirklich flott unterwegs, haben für die 3000 Meter etwas mehr als eine halbe Stunde benötigt.
Wir sind seit fast zwei Wochen im Schwimmwander-Modus unterwegs, kraulen meistens recht gemütlich. Das schnelle Schwimmen im Wettkampftempo tat gut. Später sind unsere Mitschwimmerinnen aus dem Neckar gestiegen und vom Trainer Andreas Kohler zur Arbeit chauffiert worden. Volker und ich haben die fehlenden sieben Kilometer dran gehängt. Dann hat Andreas uns bei der Schleuse in Hirschhorn eingesammelt und heißen Kaffee serviert.
In gut einer Stunde treffen wir unsere neuen Schwimmfreunde vom TV Eberbach noch einmal, auf ein Bier oder zwei oder auf ein Glas Wein. Morgen stehen knapp 25 Kilometer auf dem Programm, das Etappenziel unseres vorletzten Schwimmtags ist Heidelberg, wo uns die DLRG empfangen und eskortieren will. In Heidelberg logieren wir

auf Einladung des Badischen Schwimmverbands in einem Zimmer des Olympiastützpunkts, vielen Dank dafür. Wir freuen uns schon auf die für Schwimmer heiligen Hallen.

Tag vierzehn

Wir sind später als geplant in Heidelberg angekommen, nach 24 Kilometern. In der Dämmerung haben wir unser Zimmer im Olympiastützpunkt bezogen. Am Morgen waren wir gegen 10 Uhr in Hirschhorn gestartet. Das Neckartal ist fast bis Heidelberg sehr idyllisch. Wer diesen Abschnitt des Flusses nicht kennt, der kennt Baden-Württemberg nicht wirklich. Man sollte den Neckar beschwimmen oder mit einem Kanu befahren oder zumindest aufs Rad steigen und den Neckartalweg nehmen. Schwimmen im Neckar, das ist wie ein Abenteuerurlaub vor der Haustüre, man muss keinesfalls weit weg fahren oder fliegen - etwa in die USA oder nach Neuseeland, um neue Eindrücke zu gewinnen und tolle Menschen zu treffen, um mal komplett abschalten zu können. Wer ein Faible für Wasser hat, der ist am Neckarufer und im Neckar gut aufgehoben.
Mittags haben wir lange in einem Biergarten direkt am Ufer gesessen, Cola getrunken und Schweinebraten mit Knödeln gegessen. Wer im Odenwald im Neckar schwimmt, der könnte denken, er sei im Skandinavienurlaub. Der Fluss: breit wie ein Fjord, bewaldete Berge und an diesem tollen Tag auch noch strahlender Sonnenschein. Hinter der Heidelberger Schleuse sind wir von der DLRG abgeholt und gut drei Kilometer weit eskortiert worden. Dann sind wir für ein paar Minuten in das Boot der Lebensretter umgestiegen, im Neckarkanal dürfen wir nämlich nicht schwimmen. Zu Fuß haben wir dann den Olympiastützpunkt erreicht.
Oft heißt es, die Sportler seien eine große Familie - und viele schmunzeln. Für uns steht zumindest an diesem

Abend fest: Der Spruch stimmt. Wir sind mit gesundem Essen versorgt worden, haben geduscht. Später gehen wir gleich nebenan in der Nikar-Klause ein Bier trinken, vielleicht auch wieder zwei. Nikar Heidelberg, so heißt der große und erfolgreiche Schwimmverein in Heidelberg. Deshalb der Name: Nikar-Klause. In der Nacht schlafen wir in Betten, in denen schon manche Topsportler gepennt haben. Wer weiß, vielleicht hat in meinem Bett ja schon mal Paul Biedermann geschlafen. Oder Britta Steffen. Nicht die schlechteste Vorstellung.

Tag fünfzehn - das Finale

Endstation Sehnsucht. Angekommen in Mannheim, nach zwei Wochen im Neckar und fast 300 Kilometern. Heute Morgen haben wir nach einem üppigen Frühstück im Olympiastützpunkt ein paar Kilometer laufen müssen. Im Kanal hätten wir auch gar nicht schwimmen wollen, der ist super schmal, und wenn sich zwei Schiffe begegnen, dann ist ganz bestimmt kein Platz mehr für einen Schwimmer. Die Mittagspause hat sich arg in die Länge gezogen, mit alkoholfreiem Weizen, Limo, Pasta (endlich mal eine richtige Sportlernahrung), Eis mit Sahne und Espresso. Die letzten rund fünf Kilometer unserer Schwimmreise quer durchs Ländle sind wir ganz gemütlich gekrault, vorbei an einigen Industrieanlagen, an einer mindestens 40-köpfigen Schwanengesellschaft und ein paar Schaulustigen, die applaudiert haben.
Oft sind wir gefragt worden: „Seid ihr die Neckarschwimmer?" Volker hat einmal augenzwinkernd geantwortet: „Nein, die kommen hinter uns." Klar sind wir die Neckarschwimmer. Wir haben zwar nie behauptet, dass wir die ersten sind, aber bis dato hat sich niemand gemeldet, der schon mal den ganzen Neckar kraulend bezwungen hat.

Der Tag danach

Tag eins nach unserer Neckarquerung, die erste Nacht daheim - nach zwei Wochen im und am Neckar. Ein ungewohntes Gefühl. Irgendwie fehlen mir der penetrante Geruch nach Neopren, mein Schwimmkumpan und das Kraulen im Fluss. Aber heute Nachmittag will ich ein bisschen ausschwimmen. Im Neckar, wo sonst? 15 Tage sind rum. Was bleibt? Grandiose Erinnerungen an tolle Landschaften und tolle Menschen. Wir haben täglich Männer und Frauen getroffen, die uns empfangen, beglückwünscht, bewirtet, zugejubelt oder sonstwie geholfen haben. Die Hoteliers, die uns kostenfrei beherbergt haben. Der sport- und schwimmbegeisterte Bürgermeister von Sulz. Der Intendant des Landestheaters Tübingen, der uns Zimmer geöffnet hat, in denen eigentlich die Künstler absteigen. Max Pickl von der Stadt Esslingen, der uns bei der Ankunft mit Sekt begrüßt hat - obgleich das Landratsamt größte Bedenken hatte (und vermutlich immer noch hat) wegen unseres Schwimmens im Fluss. Wolfgang, der uns in Esslingen bekocht hat. Alex, die Mutter von Zwillingen, die direkt am Ufer in Stuttgart-Hofen wohnt. Mit ihr haben wir bis tief in die Nacht hinein draußen auf der Terrasse mit Flussblick gesessen, geschwätzt und getrunken. Unsere Freunde in Neckarhausen, Ludwigsburg, Steinheim und Kirchheim, die uns aufgenommen haben. Manche der neuen Bekannten bleiben womöglich Freunde fürs Leben, die Schwimmerinnen vom TV Eberbach und ihr Trainer Andreas Kohler gehören vermutlich zu dieser Gruppe. Andreas scheint im badischen Schwimmsport alle und jeden zu kennen. Er hat uns chauffiert, unterhalten und zum Abschied mit einem großen Stapel Schokoladentafeln auf den Weg nach Heidelberg geschickt. Im Olympiastützpunkt Heidelberg haben wir uns ein klein bisschen ehrfürchtig umgeschaut - und dann in Betten geschlafen, in denen schon ganz große Sportler lagen. Wir haben auch viele Journalisten-Kollegen getroffen, zwei bleiben besonders in Erinnerung. Eine Frau vom Hörfunk hat uns gefragt, weshalb wir eigentlich in Mannheim aufhören mit dem Schwimmen im Neckar. Und ein Lokaljournalist in der Region Stuttgart war sich sicher, dass der Neckar nicht nach Mannheim fließt, sondern in den Schwarzwald - also den Berg hinauf. Wir konnten beide aufklären.

Wir sind also knapp 300 Kilometer weit gekrault. Und nach zwei Wochen tut nichts weh. Das hatten wir nicht unbedingt erwartet. Es bleibt abzuwarten, ob wir die nächsten Wettkämpfe schneller schwimmen. Oder ob wir uns das langsame Schwimmwander-Tempo zu sehr angewöhnt haben. Eigentlich wollten wir ja niemandem raten, auch im Neckar zu schwimmen. Aber nach diesen tollen Tagen geht es nicht anders: Wer gerne und gut schwimmt, der sollte den Fluss vor unserer Haustüre mal testen.

Ausflug mit dem Isarschwimmer

Wenn dieser Mann zur Arbeit geht, dann zieht er die Blicke der Passanten an. Benjamin David hat sich eben in einen Neoprenanzug gezwängt, er trägt wasserfeste Sandalen und einen Transportsack mit den nötigsten Utensilien. Er verlässt seine Wohnung im Münchener Süden und steht bereits nach ein paar Schritten am Ufer, steigt über einen Zaun - und dann hinein ins Vergnügen: in die Isar.

Der Fluss hat an diesem sommerlich warmen Tag im Mai rund 13 Grad. Macht nix, David muss zum Kulturstrand beim Vater-Rhein-Brunnen. Und ich will ihn begleiten. Er und sein Team bringen mitten in München bis Mitte August täglich kulturelle Veranstaltungen auf die Bühne. David schwimmt zur Arbeit, täglich.

Wir stehen im tosenden Wasser. Der Fluss hat ordentlich Schuss. Man muss eigentlich gar nicht schwimmen, das übernimmt die Isar. Ein Schnappschuss zur Erinnerung und dann lassen wir uns treiben. Wir sausen mit einem Affenzahn in Richtung Stadtmitte, vorbei an staunenden Passanten, an Isarinseln und an imposanten Bauwerken. Zum Beispiel am Deutschen Museum.

Nach gut einem Kilometer, hatte Benjamin vor dem Start erklärt, „müssen wir kurz anhalten". Um den Isarfischer Florian Föllmer zu treffen. Nach wenigen Minuten und ge- schätzt gut einem Kilometer sehen wir den Mann mit der Angelrute am Ufer stehen. Wir müssen mit ein paar kräf- tigen Kraularmzügen zum rechten Ufer gelangen. Wenn wir nicht rechtzeitig reagierten, wir sausten vorbei am Zwi- schenziel. Gegen die starke Isarströmung schwimmen, das wäre schwierig.

Wir steigen an Land, schwätzen ein bisschen. Über das Fischen im Fluss und über die Isar, über München, über Gott und die Welt. Obgleich die Sonne vom Himmel lacht, wird es kühl, wenn man so im Wind steht. Die 13 Grad wirken nach. Also los, wieder rein in den kalten Fluss und ein bisschen bewegen. Wir schießen unter einer Brücke hindurch, winken ein paar Mädchen zurück, sehen beim Schwimmen fast immer den Grund und mitunter auch mal einen Fisch. Das Isarwasser ist glasklar. Für jeden Freiwasserschwimmer ist so ein Ausflug in der Isar - wenn auch kein Training - ein grandioses Vergnügen.

Benjamin schwimmt auch aus PR-Gründen zur Arbeit. Mit seinem ungewöhnlichen Weg zum Kulturstrand hat er es weltweit in die Medien geschafft. Immer wieder rufen Journalisten an. Dann erzählt der Soziologe und Familienvater, dass er und sein Verein Isarlust ein großes Ziel haben: Sie wollen, dass mitten in München in der Isar ein Flussbad eingerichtet wird. Nach dem Züricher Vorbild.

Die Isar, sagt er, habe durch die Renaturierung und die verbesserte Wasserreinigung im Oberlauf „meist Badewasserqualität". Er und sein Verein wollen, dass das Schwimmen im gesamten Stadtgebiet freigegeben wird. Wo Gefahren lauern, sollten städtische Bademeister auf die Menschen Acht geben. Baden und schwimmen mitten in der Millionenstadt, das sei doch eine „smarte Idee". Zumal im Sommer alle Freibäder in München oft total überfüllt seien. Ein Flussbad, sagt Benjamin, könne mit Investitionen von rund 600.000 Euro realisiert werden, der Neubau eines Bades würde ein Zigfaches kosten.

Der Wasserweg zur Arbeit ist für den Mann ganz schnell gemeistert. Nach kaum einer Viertelstunde steigen wir direkt hinter der Ludwigsbrücke über eine betagte Metallleiter aus der Isar und stehen beim Kulturstrand. Am Abend wird Benjamin David mit dem Bus heim fahren - die knapp zwei Kilometer zurückzuschwimmen, das wäre ein gutes Trainingsprogramm für Spitzenschwimmer und würde vermutlich mindestens zwei Stunden dauern.

Beeindruckender Blick aus brauner Brühe

Acht Uhr morgens mitten in Berlin-Mitte. Der Neoprenanzug sitzt hauteng. Passanten staunen und gehen kopfschüttelnd weiter. Zum Glück lässt sich kein Polizist blicken, denn mein Vorhaben ist vermutlich nicht legal: Ich will testschwimmen im Spreekanal, die 750 Meter vom Bode-Museum bis zum Auswärtigen Amt einmal hin und dann wieder zurückkraulen. Denn hier soll ein öffentliches Flussbad entstehen.

Ich mache es wie Lasse in Astrid Lindgrens „Wir Kinder aus Bullerbü". Der Junge sagt vor einem Abenteuer sinngemäß: Wer nachher um Erlaubnis fragt, der ist eindeutig besser dran. Also springe ich einfach rein in die braune Brühe und kraule los, zunächst gegen die Strömung. Das Wasser ist etwa zehn Grad warm – oder kalt.

Temperaturen sind höchst persönliche Empfindungen. Die meisten Schwimmer würden vermutlich abwinken und sagen: Zehn Grad? Nein, danke. Aber für einen routinierten Kaltwasserschwimmer, der auch noch in einem kommoden Gummianzug steckt, sind zehn Grad okay.

Es ist ein einmaliges Schwimmerlebnis: Beim Atmen nach links habe ich zunächst das Bode-Museum im Blick, wenig später das Pergamon-Museum und dann die Baustelle der James-Simon-Galerie. Unter Wasser freilich ist nichts zu sehen, gar nichts, nur braun. Ein paar Züge weiter: zu meiner Rechten die Wohnung der Bundeskanzlerin und ihres Gatten. Direkt vor der Türe stehen zwei Uniformierte, die habe ich vorhin beim Herfahren mit dem Rad gesehen. Von unten im Spreekanal sind die Polizisten aber nicht zu erkennen. Und das ist auch gut so. Sie können mich nämlich auch nicht bemerken.

Das Anschwimmen gegen die Strömung ist kein Problem, doch das Vorankommen dauert etwas länger als erwartet. Nach geschätzt zehn Minuten taucht links der imposante

Dom auf. Wann genau das Freiluftbad an der Museumsinsel eröffnet wird und ob überhaupt, niemand weiß das. Es dürften bestimmt noch ein paar Jahre ins Land gehen. Die Befürworter trommeln für den kühnen Plan, sie schwärmen vom Wasser, das mit Hilfe einer Biokläranlage gereinigt werden soll. Die Planungen sehen vor, dass beim Auswärtigen Amt auf etwa 300 Metern Länge im Kupfergraben Schilf gepflanzt wird. Die Flussbad-Initiative setzt auf eine „grundlegende Neubewertung der Rolle des Flusses für die Stadt", auf eine schonende Stadtentwicklung und auf einen „intelligenten Umgang mit den natürlichen Ressourcen". Der Bund und Berlin haben für das Projekt rund vier Millionen Euro springen lassen. Das Schwimmen im Flussbad soll keinen Eintritt kosten. Das sagt Barbara Schindler von der Badinitiative.

Nach etwa 20 Minuten in der Spree mein nächstes Erlebnis, von dem ich bestimmt noch lange erzählen werde: Wer kann schon von sich behaupten, dass er an einer Schlossbaustelle vorbei und Unter den Linden hindurch gekrault ist? Dass zurzeit tief im Boden unter der Spree ein Tunnel für eine neue U-Bahnverbindung gebaut wird, das indes erweckt beim Schwimmen zwiespältige Gefühle. Was wäre wenn? Wenn das Bauwerk just in diesem Moment einbricht? Schnell wegwischen solche Überlegungen und weiterschwimmen.

Kurz vor der alten Stadtschleuse ist Schluss. Mein Wendepunkt. Weiter soll auch in Zukunft kein Spreeschwimmer kraulen können, denn hier sollen Schilfpflanzen wachsen, gedeihen und das permanent fließende Wasser reinigen. Also umdrehen und zurückschwimmen. Das geht mit der Strömung der Spree viel schneller, fast ganz von allein. Noch ein paar Selfie-Fotos mit der wasserfesten Kamera schießen und zurück zum Bode-Museum. Im Ziel fragt eine Zuschauerin: „Und, wie ist das Wasser?" Schmeckt gut, sage ich grinsend. Ich habe unterwegs aus Versehen einen ordentlichen Schluck Spreewasser genommen und keine Magenprobleme bekommen. Viele passionierte Freiwasserschwimmer aus der ganzen Republik freuen sich schon auf die Eröffnung des Flussbads. Der deutsche Meisterschwimmer Thomas Lurz aus Würzburg, der fast jeden Freiwasserwettbewerb gewonnen hat, wäre vermutlich froh gewesen, wenn es diese einmalige Schwimmstrecke im Herzen Berlins früher gegeben hätte. Während der Schwimm-EM im Juli 2014 wurden die Freiwasserwettbewerbe draußen vor den Toren Berlins auf der Regattastrecke Grünau ausgetragen. „Da schauen uns vielleicht ein paar Wölfe zu", so die herbe Kritik der Sportler damals. „Wir müssen dahin, wo die Menschen sind." Zum Beispiel zur Museumsinsel.

Rund um Bamberg

Nach eineinhalb Stunden im Wasser wird's hart. Die Strömung im Main-Donau-Kanal wird stärker und stärker. Kein Wunder, wir kraulen seit ein paar Kilometern immer in Richtung Staustufe. Und weil es ordentlich geregnet hat, ist ein Stauwehr geöffnet. Die Wassermassen schießen stromabwärts, kommen direkt von vorne.

Egal, die Conny und ich, wir kraulen weiter, immer weiter. Conny Prasser will im Sommer die Doppelbelt-Querung angehen, als erste Frau überhaupt. Und ich hab vor, mit meinem Schwimmfreund Dierk Jensen in der Nordsee von Insel zu Insel zu kraulen, von Pellworm, wo Dierk aufgewachsen ist, möglichst bis nach Sylt, wo ich zur Schule gegangen bin. Bei diesem Freiwassertraining einmal rund um Bamberg können die Conny und ich die Gegenströmung also gut brauchen, Bedingungen fast wie im Meer.

Wie kommt man bloß auf die (Schnaps)Idee, im Kanal und in der Regnitz einmal um die mittelalterliche Stadt in Oberfranken zu schwimmen?

Der Christian ist schuld. Christian Hübner. Der Informatiker aus Bamberg hat vor ein paar Jahren den Ärmelkanal bezwungen. Trainiert habe er dafür auch in der Regnitz, das hat der Christian bei unserem ersten Treffen erzählt, beim Saarschwimmen in Mettlach. „Komm mal nach Bamberg, dann schwimmen wir zusammen", hat der Christian damals vorgeschlagen. Gerne.

An diesem sonnigen Frühlingstag in Bamberg ist der Christian leider heftig erkältet, er will lieber nicht ins 18 Grad kühle Regnitzwasser. Also begleitet er uns am Ufer mit dem Rad. Weist den Weg, dirigiert uns - vorbei an den Schleusen und später mitten durch die imposante Altstadt. Ist das überhaupt erlaubt, das Schwimmen in der Regnitz und im Kanal? Wir haben lieber niemanden gefragt. Wir kennen uns aus mit Flussschwimmen, halten uns immer ganz nah am Ufer, bekommen bei dieser tollen, gut elf Kilometer langen Trainingseinheit jedenfalls keinen Ärger.

Dafür von manchen Passanten ein bisschen Applaus.
Die letzten Meter bis zum Wehr sind geschafft. Wir krabbeln über glitschige Stufen aus dem Kanal. Machen ein paar Fotos. Trinken, essen etwas. Laufen um das Wehr herum und steigen wieder ins Wasser. Jetzt ist die Strömung kaum mehr zu spüren. Noch geschätzt einen weiteren Kilometer und wir biegen rechts ab, hinein ins Vergnügen, in die Regnitz, die sich fast von allein schwimmt. Mit der Strömung sausen wir in Richtung Rathaus und Dom. Zunächst vorbei an einem Wäldchen. Am Ufer sitzt ein Mann und angelt - und staunt, als er uns entdeckt. Wir kraulen vorbei an der Hainbadestelle, es ist also nicht generell verboten, das Schwimmen und Baden in der Regnitz. Andere Schwimmer treffen wir aber keine. Ein paar Badegäste liegen in der Sonne.
Ein freundlicher Fährmann erklärt uns mitten in der Stadt, dass wir nun nur noch ein paar hundert Meter schwimmen und dann aussteigen sollen. Das nächste Wehr. Der Christian passt uns ab, geleitet uns durch ein paar Gassen zur nächsten Einstiegsstelle. Die Fußgänger staunen nicht schlecht: eine Frau und ein Mann im Schwimmdress mitten in Bamberg?
Die Schwimmstrecke durch Klein-Venedig, die ehemalige Fischersiedlung der Stadt, wird zum Höhepunkt dieses Schwimmausflugs im Bayerischen. Grandios. Klein-Venedig besteht aus alten Wohnhäusern aus dem 17. Jahrhundert und ist heute die Kulisse für das Fischerstechen, das immer im August stattfindet, und für die Sandkirchweih, das größte Volksfest in Bamberg. Wir stoppen kurz. Schießen vom Wasser aus ein paar Erinnerungsfotos vor dieser einmaligen Häuserfront mit Gärtchen direkt am Ufer.
Und weiter. Noch eine Staustufe umlaufen. Nach rund zehn Kilometern erreichen wir wieder den Kanal, biegen rechts ab - und sind wieder in der Gegenströmung. Noch mal einen Kilometer Krafttraining, dann sind wir zurück beim Ruderklub, wo wir gestartet sind.

Irres Rennen im Inn

Eine üble Schnittwunde an der Wade, ungezählte blaue Flecke, Prellungen und ein gebrochener Zeh: das ist der eher unangenehmere Teil der Bilanz des Rennens, das rund 80 tollkühne Frauen und Männer im tosenden, etwa elf Grad kalten Inn bei Roppen in Österreich ausgetragen haben, schwimmend wohlgemerkt.

Der Mann mit dem gebrochenen Zeh, den er sich bereits nach dem allerersten Trainingslauf zugezogen hat, schwimmt trotz der Schmerzen mit bei den Internationalen Deutschen Meisterschaften im Wildwasserschwimmen, dem Bodyrafting. Auf dem Weg zum Start ist er gut zu erkennen: Er hinkt. Und die blauen Flecke sowie die Prellungen, die sind eh nicht der Rede wert. Zähne zusammenbeißen und durch, das ist das Motto dieses tollen Tages im Nachbarland.

Erster Versuch: ich werde viel zu weit abgetrieben, muss mit aller Kraft zurück, gegen die Strömung kraulen, um ins Ziel dieses Trainings zu kommen. Zweiter Versuch: alles läuft schon viel besser. Nach gut einer Stunde mit fast einem halben Dutzend kurzen Tests ist vorerst Schluss. Okay, der Wettkampf am nächsten Morgen kann beginnen. Die Anspannung lässt ein wenig nach.

Die Wiederholungstäter geben den Novizen am Abend vor den Meisterschaften Tipps: Möglichst immer mit der Strömung schwimmen, aber gut aufpassen auf die Steine, die beim Aufprall die üblen blauen Flecken hervorrufen. Christof Wandratsch, einer der besten deutschen Freiwasserschwimmer seit Jahrzehnten, sagt: „Fünfzig Prozent ist Glückssache." Wer die Ideallinie erwischt, der ist schnell, im Inn viel schneller als die schnellsten Beckenschwimmer. Bodyrafting ist eben anders, ganz anders.

Der Wandi schlägt sich in seinem Vorlauf und in seinem Zwischenlauf gut, ganz offenkundig ohne größeren Aufwand. Im Vorlauf kommt der Christof souverän als erster an. Auch für mich läuft es super. Platz zwei, direkt hinter dem Meisterschwimmer Wandi. Die Teilnahme im Zwischenlauf ist gesichert. Puh. Gegen Mittag sind alle Vorläufe absolviert. Im Ziel beim Bauhof in Roppen werden die Schwimmer mit Brötchen, Müsliriegeln, Obst und Getränken versorgt. Und dann geht es auch schon wieder zu Fuß zurück zum Start. Der Wandi schlägt sich wieder gut. Ganz kalkuliert erreicht er als Zweiter in seinem Zwischenlauf das Finale. Den Zuruf „Christof, du schaffst es" beantwortet er knapp und grinsend: „Ich weiß." Er wird später seine Altersklasse gewinnen.

Mein Zwischenlauf misslingt, einmal vorbei geschwommen an einem der Abschlagpunkte am Ufer. Also mit aller Kraft zurückkraulen, wie beim ersten Test. Mit letzter Kraft erreiche ich das Zwischenziel zwar noch, verliere aber viel zu viel Zeit, die meisten Konkurrenten sind auf und davon. Außerdem schmerzt der Oberschenkel, vermutlich ein heftiger Stoß gegen einen Stein. Im eiskalten Wasser bemerkt man so ein Malheuer zunächst gar nicht.

Was bleibt? Dem einen Schwimmer für die nächsten Tage der schmerzende Zeh. Mir der gezerrte Muskel im Oberschenkel. Allen bleiben die Erinnerungen an ein Rennen, von dem sie vermutlich noch den Enkeln erzählen werden.

SeenSucht

Schwimmen im Schwarzwald

Eigentlich kommen die Menschen zum Wandern in den Schwarzwald, mitunter von weither. Manche kommen aber auch zum Schwimmen. Die Triathleten zum Beispiel kraulen im Schluchsee. Gleich nebenan: der Titisee, Sehnsuchtsort vieler Asiaten. Wahre Geheimtipps für Schwimmer sind jedoch die kleineren Seen im Schwarzwald. Willkommen am Nonnenmattweiher westlich von Schönau! Dieser Frühlingstag war ein richtig heißer, allmählich sinkt die Temperatur. Das Auto ist geparkt, der kurze Fußweg zum See führt vorbei an einer Fischerhütte, in der Ausflügler eine Kleinigkeit essen können. Noch ein paar Schritte, und dann stehst du am Ufer und staunst. Was für ein grandioser Anblick! Im See spiegeln sich die Bäume, die Wolken, der tiefblaue Himmel. Am Ufer schwimmen Seerosen. Vögel zwitschern, Insekten summen. Ein lauer Wind bläst. Soeben verlassen die letzten zwei Badegäste den Weiher mitten in einem Naturschutzgebiet, der ursprünglich als sogenannter Karsee während der Eiszeit entstanden ist. Im Mittelalter verlandete die Wasserfläche, im 18. Jahrhundert wurde der See wieder aufgestaut, als Mühlenweiher. Heute ist er zweigeteilt. In der einen Hälfte darf gebadet werden, die andere Hälfte mit der schwimmenden Torfinsel ist tabu. Also los jetzt: nichts wie hinein ins Vergnügen. Einmal im Kreis kraulen, immer nah am Ufer entlang: das ergibt eine Strecke von knapp 500 Metern, sagt die GPS-Uhr am Handgelenk. Ich drehe ein paar Runden, schaue beim Atmen hinüber zu einem Angler, der am Ufer steht, und zu einer Frau, die neben dem Mann auf einer Holzbank sitzt und malt. Ob den beiden wohl das einzige Auto auf dem Parkplatz gehört? Das mit dem Berliner Kennzeichen.

Das Wasser schmeckt prima, ein klein bisschen nach Moor. Es hat geschätzt knapp 20 Grad. Ich schwimme und schwimme, weiter und immer weiter, nach der ersten Runde die nächste, dann noch eine und noch eine. Die Szenerie ist einfach zu schön. Nach ein paar Kilometern ist aber Schluss. Demnächst wird es dunkel. Man erzählt sich, der See habe seinen Namen, Nonnenmattweiher, wegen eines versunkenen Frauenklosters. Es gibt indes eine zweite Geschichte. Und die geht so: Der Name erinnere daran, dass früher Mastkühe, alemannisch Nunnen, auf den Weiden am See grasten.

Der Mann, der immer noch am Seeufer steht und angelt, erzählt nichts von Nonnen, Nunnen und Namen. Er und seine Begleiterin kommen tatsächlich aus Berlin. Die beiden sind im Urlaub - und nicht zum erstem Mal am Nonnenmattweiher. Er liebe die Ruhe dieses magischen Ortes, sagt der Herr aus der Bundeshauptstadt. Berlin, sagt er, gefalle ihm gar nicht mehr. Zu groß, zu voll, zu viele Menschen. Später, wenn er nicht mehr arbeiten müsse, werde er zusammen mit seiner Frau in den Schwarzwald ziehen. Womöglich in die Nähe dieses Sees. Keine schlechte Idee.

Nächster Tag, ein paar Kilometer nördlich vom Nonnenmattweiher. Zwischen Titisee und Schluchsee liegt der Windgfällweiher. Hier kann das Auto direkt am Ufer geparkt werden. Ein paar Utensilien in die Schwimmboje gepackt und rein in den See, der Ende des 19. Jahrhunderts zur heutigen Größe aufgestaut worden ist. Wer mag, kann an dem kleinen Strand direkt bei den Parkplätzen ins Wasser steigen. Etwas angenehmer ist womöglich der Besuch des alten Strandbads am Ostufer, dessen Gebäude unter Denkmalschutz steht. Erwachsene bezahlen 2,50 Euro Eintritt. Nach dem Kraulen vor grandioser Schwarzwald-Kulisse kann man hier warm duschen, etwas essen und trinken und mit den Dauergästen über den See von anno dazumal plaudern. Es gibt Einheimische, die längst im Rentenalter sind, und fast täglich zum Schwimmen im Windgfällweiher kommen, selbst im Winter, so lange wie möglich eben, bis der See zugefroren ist.

Tief beeindruckt vom Tiefen See

Die Startblöcke sind bestimmt schon lange nicht mehr genutzt worden. Auf den ersten Blick sind sie vom gegenüberliegenden Ufer kaum zu erkennen. Die vier Betonblöcke sind zugewachsen, die Nummer schlecht zu lesen. Auf meiner ersten Runde - immer am Ufer des Tiefen Sees bei Maulbronn entlang - sind mir die Blöcke dann aber doch bald aufgefallen. Später wird ein junger Mann von der DLRG erzählen, dass er auch nicht wisse, wer die Blöcke wann und zu welchem Zweck wohl gebaut hat. So weit er wisse, hätten jedenfalls nie Wettkämpfe stattgefunden in dem See, der einst zum Kloster Maulbronn gehört hat. Die Entfernung von den Blöcken hinüber zum anderen Ufer betrage genau 100 Meter. Man kann also sehr gut trainieren in dem See, der idyllisch am Ortsrand liegt.
Wir schwimmen ein paar Runden, mein Kumpel Reiner Koch und ich. Das Wasser ist blitzsauber, heißt es. Es schmeckt jedenfalls gut. Eine Runde ist ziemlich genau 500 Meter lang, wenn man ganz nah am Ufer bleibt, knapp 600. Beim Kraulen sollte man hin und wieder nach vorne schauen, denn ein paar Boote sind auch unterwegs.
Für viele Einheimische und Gäste sei der Tiefe See neben dem Kloster der „Dreh- und Angelpunkt" im Ort, heißt es auf der Internetseite der Kommune. Nun, an diesem tollen Tag im Frühling kann man die Besucher allerdings an einer Hand abzählen. Schön für uns und für unser kleines Trainingsprogramm.
Wer schwimmen will im Tiefen See, muss Eintritt bezahlen. Zwei Euro. Dafür gibt's Umkleidekabinen, Toiletten und Aufsicht. Eine Maulbronner Besonderheit ist der sogenannte Frühbaderschlüssel. Wer eine Gebühr bezahlt und ein Pfand hinterlegt, der bekommt den Schlüssel und kann auch im Hochsommer, wenn ordentlich Trubel herrscht, außerhalb der regulären Öffnungszeiten schwimmen.
Seit 1898 ist der Tiefe See ein öffentlicher Badesee. Er

wird von der Salzach, die nordöstlich von Maulbronn entspringt, gespeist und ist UNESCO-Weltkulturerbe. Der Tiefe See wurde von den Mönchen vermutlich schon beim Bau des Klosters in der ersten Hälfte des zwölften Jahrhunderts angelegt. Er diente nicht nur als Wasserreservoir, sondern auch zur Fischzucht. Früher konnte der See zu Verteidigungszwecken in die rund um das Kloster verlaufenden Gräben abgelassen werden.

Hermann Hesse, 1891 Seminarist in Maulbronn, schrieb damals an seine Eltern: „Ein andrer Platz ist am ‚tiefen See'. Dieser, nur von kleinen Hügeln umgeben, ist wie ein Spiegel. (...) Bei schwachem Wind zuckt es blitzartig über dem See und kleine Wellen schlagen flammenartig herauf". An diesem Tag fast 130 Jahre nach Hesse ist der Tiefe See indes glatt. Nach dem Training testen wir die verwitterten Startblöcke. Das muss sein und macht in der Nähe des Klosters einen Heidenspaß. Wir sind tief beeindruckt und kommen ganz bestimmt bald mal wieder.

Toller Tegernsee

Eigentlich wollte ich „nur" ein bisschen wandern in den Bergen hoch über dem Tegernsee, mit Freunden aus München. Doch dann hab ich ihn gesehen an diesem tollen Tag im Mai: den Tegernseer. Von mindestens jedem zweiten Gipfel aus war er zu bestaunen, der See, von dem manche Schwimmer sagen, er sei der tollste in ganz Bayern. Oder sogar in ganz Deutschland. Also war klar: nach der Bergtour ist vor dem Schwimmen.

Noch schnell ein kühles (alkoholfreies) Weißbier getrunken - und dann noch eins. Und dann runter ans Ufer. Den ganzen See queren, dafür bleibt an diesem Tag keine Zeit mehr, leider. Vielleicht bei der nächsten Stippvisite. Das Seebad am Ortsrand des oberbayerischen Städtchens Tegernsee empfängt die Gäste mit deutlichen Worten: „Nichtschwimmer Achtung, Lebensgefahr! Im Wasser steiler Abbruch. Es wird sofort tief!"

Außer mir ist kaum jemand im Wasser, nur ein paar Kinder stehen bis zu den Knien im See, der an diesem Tag im Frühjahr rund 13 Grad hat. Beim Blick in Richtung Egern am anderen Seeufer: Boote, überall Boote, kleine Segelschiffe und große Ausflugskähne. Auf einem zweiten Schild steht: „Unfallgefahr für Schwimmer im Bereich der Motorboote. Soggefahr!" Egal. Rein ins Vergnügen. Das Wasser ist super klar. Die Sicht ist sensationell. Über Wasser und unter Wasser.

Insbesondere beim Queren des Tegernsees gilt es in der Tat aufzupassen. Ich habe eine orangefarbene Boje im Schlepptau und gebe ordentlich Gas. Wasserball-Kraul, sicher ist sicher. Immer wieder nach vorne gucken, nach rechts gucken und nach links gucken. Die geschätzt knapp 500 Meter sind schnell geschafft. Ohne Kollision mit einem der Boote. Jetzt schwimmt sich der See entspannter. Immer am Ufer entlang durch die Egerner Bucht, die auch als Malerwinkel bekannt ist, weil hier früher oft Maler am Ufer saßen und die Kirche St. Laurentius zu Papier brachten. Was für eine tolle Kulisse fürs Freiwassertraining!

Manche Lästermäuler nennen den Tegernseer Lago di Bonzo. Weil viele Promis, zum Beispiel Fußballer des FC Bayern München, ein Haus am See besitzen. Die Nachfrage nach Wohnungen am Tegernsee ist enorm. Die Preise, die bezahlt werden, sind mitunter astronomisch. Für Ferienhäuser am Tegernsee wird mehr hingeblättert als in den meisten anderen Orten in den Alpen. Eine schicke Immobilie am Seeufer kann schon mal einen zweistelligen Millionenbetrag kosten.

Ich schwimme vorbei an den tollsten Häusern, habe Einblick in grandiose Gärten. Langsam wird es frisch im Wasser, obwohl die Luft sommerlich warm ist und die Sonne vom Himmel lacht. Nach etwa drei Kilometern bin ich zurück am Startplatz, wo mich meine zwei Bergtour-Begleiterinnen empfangen. Wer mag, kann nach so einer tollen Wassertour im Strandcafé direkt neben dem Badeplatz Kaffee und Kuchen bestellen.

Stippvisite in den Sechzigern

Hier scheint die Zeit stillzustehen. Wer im Buchsee, dem winzig kleinen Bruder des Starnberger Sees, schwimmen will, der wird schon auf dem Fußweg zum Ufer zurück katapultiert in die sechziger Jahre. Die Schilder mit den Baderegeln: sehen aus wie anno dazumal von Hand hingepinselt. Die Umkleidekabinen aus Beton: dürften seit einer halben Ewigkeit nicht mehr instand gesetzt und noch länger nicht gereinigt worden sein. Womöglich letztmals in den Sechzigern. Das Prozedere des Bezahlens: einmalig. Das Auto ist neben einem Bauernhof nördlich von Münsing geparkt. An einem verwitterten Holzladen des Hauptgebäudes steht „Kasse". Die Fenster sind geschlossen. Der Besitzer des Hofs und des Sees, ein alter Mann mit wettergegerbter Haut, sitzt drinnen und blickt meine Begleiterin und mich an. Er gestikuliert, zeigt auf die Fensterbank. Das bedeutet wohl: bitte zwei mal einen Euro hinlegen und weitergehen. Nach dem Bezahlen dürfen wir also in Richtung Ufer marschieren.

Angelika Fanai-Nimmesgern und ich wollen im Buchsee ein paar Kilometer kraulen. Eigentlich hatte ich der Triathletin und Fitnesstrainerin, die am Starnberger See wohnt, vorgeschlagen in eben diesem zu schwimmen. Das Wasser im Starnberger See ist aber noch recht frisch, es hat an diesem Maientag 13 Grad, vielleicht 14. „Nö, never ever" - das war ihre schnelle Antwort. Dann hat die Angelika den kleinen Weiher vorgeschlagen, der bereits gut vier Grad wärmer sei als der Starnberger See. Ok, hab ich gesagt - und bin hingefahren zur Angelika. Jetzt also laufen wir bergab in Richtung Buchsee. Vorbei an den betagten Umkleidekabinen, wo noch so ein kurioses Schild steht: „Betreten des Daches untersagt!"

Raus aus den Klamotten und rein ins Vergnügen. Das Wasser hat tatsächlich gut 18 Grad, es ist seidig weich, schmeckt ausgezeichnet und glitzert - wenn die Sonne zwischen den Wolken hervorlugt - in dunklen Farben. In diesem Moorsee schwimmt es sich prima. Immer dicht am Ufer entlang gekrault, so ergibt eine Runde fast genau 500 Meter. Auf dem Seegrund sind ein paar Muscheln zu erahnen, ein Zeichen für beste Wasserqualität. Wer an so einem Frühlingstag im Buchsee trainiert, der hat die Wasserfläche vermutlich fast immer für sich allein, so wir an diesem Spätnachmittag. Eine Runde schwimmen wir, dann noch eine und noch eine und ... Grandios.

Im Sommer, wird die Angelika später erzählen, sind an heißen Tagen oft viele Badegäste da. Dann werden oben beim Bauernhof Kaffee und Kuchen verkauft.

Oben ohne ist am und im See übrigens nicht gestattet, heißt es auf der tollen Tafel mit den Baderegeln. Wer gegen die Vorschriften und die anderen Regeln verstoße, der werde des Platzes verwiesen, „ohne Rückvergütung". An Tagen wie diesem allerdings überwacht niemand den Privatsee. Man kann tun und lassen, was man mag, sicherlich auch nackt schwimmen. Machen wir aber nicht.

So eine Stippvisite am Buchsee ist ein wahrer Geheimtipp für alle, die im Raum München leben oder Urlaub machen. Die Zeitreise in die Vergangenheit gibt's gratis dazu.

Kraulen im Klosterweiher

Zigmal vorbei gefahren, mit dem Auto und mit dem Fahrrad. Nie hab ich den kleinen Klosterweiher am Stadtrand von St. Georgen im Schwarzwald zur Kenntnis genommen. Wie konnte mir das nur passieren? Nun, ist schon länger her, der letzte Besuch in dem Städtchen im Schwarzwald-Baar-Kreis. Diesmal ist es anders. Das Schild springt ins Auge: Seehaus, Naturschwimmbad, Bootsverleih. Naturschwimmbad! Da muss ich hin, da muss ich rein!

Das Auto geparkt, die Schwimmsachen geschnappt, die liegen ja immer griffbereit auf der Rückbank. Und ans Ufer. Das Naturschwimmbad hat noch geschlossen. Egal. Nur ein Teil des Ufers ist abgesperrt, für die zahlenden Gäste, die im Sommer kommen. Ein Weg führt um den etwa drei Hektar großen See herum. Auf einem Podest - eigentlich für Angler? - umziehen und dann hinein ins Vergnügen. Das Wasser hat gut 13 Grad. Saukalt, sagt eine Spaziergängerin. Und erzählt von ihrem Neffen, der vor fast genau einem Jahr im Seehaus seine Konfirmation gefeiert hat - und spontan beschlossen hatte, baden zu gehen im kühlen Klosterweiher. 13 Grad, das ist wohl unangenehm für Otto-Normal-Schwimmer, für Eisschwimmer, die eben aus der Wintersaison kommen, indes herrlich warm.

Ich schwimme an diesem Apriltag ein paar Runden im Weiher. Mal flott, mal gemütlich. Die Kulisse ist beeindruckend. Mit St. Georgen und ungezählten Tannen im Blick. Die Frühlingssonne lacht vom Himmel. Einige Ausflügler spazieren am Ufer, beobachten den einsamen Krauler.

Wenn ich in St. Georgen wohnen würde, dann ... wäre ich womöglich jeden Tag zum Training im See, außer im tiefsten Winter, denn dann dürfte die maximal gut drei Meter tiefe Wasserfläche zufrieren. Baden und Schwimmen ist aber offenkundig immer erlaubt, wie schön. Schilder am Ufer warnen lediglich davor, in den See zu springen, er ist am Ufer nämlich nur ein paar Zentimeter tief. Auf einem Schild steht: „Betreten der Eisfläche verboten".

Der Klosterweiher diente übrigens über Jahrhunderte als Wasserspeicher für den Antrieb der Klostermühle und der Klostersäge sowie als Zuchtsee. Die Mönche des Benediktinerklosters fingen regelmäßig Fische im Weiher. Der naturbelassene See liegt auf rund 810 Höhenmetern. Und das Seewasser schmeckt prima. Der Fischbestand ist üppig: Forelle, Neunauge, Zander, Schleie, Döbel, Rotauge, Rotfeder, Stichling, Karpfen.

Das Strandbad wird gewöhnlich Anfang Juni eröffnet. Dann tummeln sich bei warmem Wetter sicherlich hunderte oder gar ein paar tausend Badegäste im See. Die Eintrittspreise sind human: 1,80 Euro für Erwachsene. Aber man kann ja am gegenüberliegenden Ufer für umme schwimmen. Kostenfrei, aber keinesfalls umsonst, denn schwimmen lohnt sich ja bekanntlich immer - zumal unter freiem Himmel im schönen Schwarzwald.

Ein Schwimmausflug in die eigene Kindheit

Auf einmal bin ich wieder der kleine Junge. 13 Jahre alt. Diese Stippvisite im Titisee im Schwarzwald wird mit dem ersten Kraularmzug zu einem Schwimmausflug in die eigene Kindheit. Das Wasser ist an diesem schmuddelig-schönen Spätsommertag ziemlich kalt, es dürfte etwa 15 Grad haben. Und es schillert in grünen und braunen Schattierungen, gelegentlich auch mal bläulich, wenn die Sonne hinter den Wolken vorlugt. Unter Wasser sind im Uferbereich die Gerippe alter Tannenbäume zu sehen, die auf dem Seegrund liegen. Ansonsten schaut der Schwimmer in ein grün-bräunliches Nichts.

Genauso war das damals, im Spätsommer 1978. Unser toller Trainer Hans Trippel hatte seine Nachwuchsathleten spontan und ohne Rücksprache mit den Schützlingen oder deren Eltern angemeldet zum Titisee-Schwimmen. Wäre heute vermutlich undenkbar. Wir haben früher zwar nahezu täglich trainiert, aber nie im Freiwasser, sondern entweder im Stadionbad Ludwigsburg oder in unserem schönen, alten Vereinsfreibad in Hoheneck am Neckar.

Wir sind damals im Ort Titisee in einer einfachen Pension abgestiegen, und kurz nach dem Frühstück standen der Gunter, der Peter, der Christian und ich dann am Ufer und haben gestaunt. Die anderen Seeschwimmer hatten ihre Körper nämlich dick eingefettet, manche trugen sogar Anzüge, keine Ahnung, ob das damals schon Neoprenanzüge waren. Wir jedenfalls waren nicht sonderlich gut vorbereitet auf unseren ersten Freiluftwettbewerb: 1500 Meter Freistil bei 15 Grad.

Unser Trainer sagte sinngemäß: Schwimmt halt schneller, dann wird's euch nicht so kalt und ihr seid auch schnell wieder draußen aus dem Titisee. Dabei trug er sein freches Grinsen im Gesicht. Widerspruch war zwecklos. Hans Trippel bläute uns im Training regelmäßig ein: „Ich kann, ich will, ich muss." Also mussten wir rein in das saukalte Wasser und möglichst schnell kraulen. Das haben wir dann auch gemacht, wohl oder übel.

Diese Anekdote von anno dazumal geht mir durch den Kopf, als ich fast vier Jahrzehnte später wieder im Titisee schwimme. Diesmal indes mit einem kurzen Neoprenanzug und mit einer Sicherheitsboje im Schlepptau. Ich will einen Teil des Ufers abschwimmen, die Strecke dürfte etwa fünf Kilometern lang sein.

Der Wind bläst, auf dem See bilden sich immer größere Wellen. Nah am Ufer aber lässt es sich ganz gut kraulen. Ich hab' den See nahezu für mich allein. Ein Ausflugsboot ist unterwegs und ein einsamer Kajakfahrer, wir werden uns später grüßen und kurz unterhalten.

Der Titisee liegt spektakulär im Hochschwarzwald. Die Kulisse ist spitze. Bei jedem Zug sieht der Schwimmer viel

Wald und die Höhenzüge der Berge. Am Westufer stehen auf den zwei Campingplätzen noch mehrere Wohnmobile. Die Schulferien sind zwar vorbei, aber über zu wenig Urlauber können sich die Hoteliers und die anderen Gewerbetreibenden am Titisee trotzdem nicht beklagen. Der Titisee ist gefragt, auch bei Gästen aus dem Ausland.

Ein Zug rechts, ein Zug links, einer rechts und wieder einer links. Nach etwa einer Stunde werden die Finger taub. Trotzdem macht das Titiseeschwimmen mordsmäßig Spaß. Auch wegen der nostalgischen Erinnerungen. Ich komme vorbei an privaten Badestellen und schmucken Häusern, die direkt am Seeufer stehen. Menschen am Ufer sind kaum zu sehen.

Ein Stopp an der Uferpromenade. Ein älterer Mann kommt angelaufen, sagt zunächst: „Glückwunsch" - und dann: „Du spinnst doch." Dann sagt er nichts mehr, marschiert weiter. Ein ausländischer Tourist macht eine aufmunternde Geste: Daumen der rechten Hand nach oben. Andere Ausflügler spekulieren, ob ich wohl für einen Ironman trainiere. Nein, das ist eher eine erste Vorbereitung auf die Eisschwimm-Saison. Nach einer Stunde und zwanzig Minuten ist der See einmal umrundet - und ich lege mich erstmal zitternd in die Badewanne.

Anno 1978 hatten wir weniger Komfort nach unserem allerersten Freiwasserschwimmen im Titisee. Ich konnte nach dem Wettkampf für wenige Minuten gar nicht mehr aufrecht stehen, derart eingefroren fühlte sich der Körper an. Und die eigentlich kalte Dusche am Ufer fühlte sich an wie eine heiße Brause. 18 Grad sind halt mehr als 15. Wir haben damals übrigens die Mannschaftswertung in unserer Altersklasse gewonnen.

Danke, Trainer, für den Start in diese grandiose Freiluft-Sportart. Hans Trippel schaut mir seit vielen Jahren bestimmt gelegentlich von ganz oben beim Schwimmen zu. Vom Himmel aus ruft er dann ganz bestimmt: „Ich kann, ich will, ich muss."

Blau, blau, alles so schön blau

Alles so schön blau hier. Der Himmel: blau, das Wasser: blau. Die Franzosen nennen ihn den blauen See, le Lac bleu. Grandios, dieser Lac d'Annecy - jedenfalls an Werktagen wie diesem im Spätsommer. Es ist früh am Morgen. Die Sonne lugt noch nicht über die mächtigen Berge, die den etwa 16 Kilometer langen See am Rande der französischen Alpen einrahmen. Zu dieser Stunde habe ich den See gefühlt ganz für mich allein. Okay, unten schwimmen bestimmt jede Menge Fische, ab und zu schauen ein paar vorbei. Die Sicht im See ist gut. Und oben am Himmel fahren an diesem Morgen zwei Heißluftballons ganz langsam in Richtung Westen.

See und selig, wer weiß, vielleicht haben diese zwei Worte ja mehr gemein, als man annimmt. Ich jedenfalls schwimme mit kräftigen Zügen - und bin selig. Gestartet bin ich in Angon, einem winzigen Ort am Ostufer des Sees, schwimme immer in Richtung Norden. Die Stadt Annecy ist mein Ziel. Annecy sei das Venedig der Alpen, das ist in den Reiseführern zu lesen.

Es ist fast windstill. Das Wasser glänzt türkis-blau. Alle paar hundert Meter schwimmt eine gelbfarbene Boje mit der Aufschrift 5 km/h. Vermutlich das Speedlimit im See. Ich komme mit geschätzt 3,5 Stundenkilometern voran, schwimme gemütlich, ziehe mein Gepäck wieder in einem wasserdichten Schwimmsack hinter mir her, trage einen Neoprenanzug.

Die Kunststoffpelle wäre wegen der Wassertemperatur keinesfalls nötig, der See ist warm, er hat etwa 22 Grad. Wer ganz allein schwimmt, der ist besser dran mit Neo. Sicher ist sicher. Mit Anzug kann ich zumindest nicht untergehen, falls etwas passieren sollte. Es wird nichts passieren. Aber das weiß man ja vorher nie.

Nach knapp einer halben Stunde schwimme ich vorbei an

Talloires, einem mondänen Flecken mit schönen Hotels und einem Café mit grandioser Seesicht, in dem ein winziger Kaffee stolze fünf Euro kostet.

Ich schneide eine Bucht, spare mir so ein paar hundert Meter und schwimme dann direkt an einer steilen Felswand entlang. Oberhalb des Felsens ist das Reserve Naturelle du Roc de Chere, ein offenbar gefährliches Revier. Jemand hat jedenfalls an die steile Felswand geschrieben: „Gefahr, Vipern". Ein paar Armzüge von diesem Slogan entfernt haben Eltern eine Erinnerungsplakette befestigt, auf der zu lesen ist, dass der 19-jährige Sohn im Juni 1972 an dieser Stelle im See beim Tauchen tödlich verunglückt ist. Mit gemischten Gefühlen kraule ich lieber schnell weiter. Komme vorbei an ungezählten schicken Häusern und Villen mit eigenem Ufer, Steg und Bootshaus. Daheim ist offenbar kaum jemand in diesen Ferienimmobilien wohlhabender Franzosen. Vor einem der Gebäude flattert eine blau-weiße Fahne aus Südostdeutschland, „Freistaat Bayern" ist darauf zu lesen. Also nicht nur Franzosen hier. Die Wasseroberfläche ist nach wie vor fast spiegelglatt. Gelegentlich sind jetzt kleinere Boote unterwegs. Wenn diese vorbeischippern, dann kommen ein paar Wellen auf, schaukeln mich beim Schwimmen. Die Gebäude am Ufer und in den Bergen sehen aus wie Spielzeug: das angeblich teuerste Hotel am See zum Beispiel, in dem ein Abendessen fast 400 Euro kosten soll. Wer es ein bisschen einfacher mag, der kann für diese Summe eine Woche lang ein Mobilehome auf einem der vielen Campingplätze am Seeufer mieten.

Auf einem Berg bei Menthons-St.-Bernard thront das Château de Menthon. Mit seinen vielen Türmchen schaut es aus wie ein echtes Märchenschloss. Das Château habe als Vorlage für Walt Disneys Dornröschen gedient, so jedenfalls geht die Legende, die man sich am See erzählt. Nach knapp zwei Stunden: Halbzeit, Vesperpause auf einem der vielen privaten Bootsstege. Auch hier ist offenbar niemand daheim. Apfelschorle, Käsebrot, Schokolade - und weiter. Das Ziel, das Casino in Annecy, ist zwar noch etwa sechs Kilometer entfernt, aber schon gut zu sehen. Es ist untergebracht in einem mondänen, weiß schillernden, etwa 100 Jahre alten Gebäude direkt am Ufer. Im Casino will ich freilich kein Geld liegen lassen, auf dem Parkplatz nebenan steht mein Auto.

Vielerorts am Ufer stehen Schilder, die verkünden: „baigner interdit", baden verboten. Aber ich will ja nicht baden, ich will schwimmen. Je näher ich der Großstadt Annecy komme, desto bohrender werden aber die Gedanken: Hält mich womöglich die Polizei an? Muss ich meine Seequerung abbrechen? Aber nein.

Kurz vor Annecy treffe ich ein paar Stand-up-Paddler. Wir grüßen uns freundlich mit einem Winken. Das imposante weiße Gebäude wird immer größer. Als ich am Ufer ankomme, sehe ich, dass viele Einheimische im Wasser schwimmen und plantschen - obgleich auch beim Casino auf einem Schild steht: Baden verboten. Vive la France.

Bodensee, Du bist mein Freund

Der Bodensee ist die Krönung für Freiwasserschwimmer.
Wer allerdings Pech hat, kämpft mit hohen Wellen. Aber
nicht bei dieser Querung: tollstes Sommerwetter im Herbst
und spiegelglattes Wasser. Grandiose Bedingungen.
In den kühnsten Träumen hätte ich mir das nicht vorgestellt: drei Herbsttage wie im Hochsommer. Am Abend vor
dem Start dieser Bodenseequerung in Radolfzell lacht die
Sonne vom Himmel. Es ist schon Herbst, doch alles fühlt
sich an wie Hochsommer. Die Wasseroberfläche ist spiegelglatt. Am anderen Ufer die Mettnau und am Horizont die
Reichenau, mein Ziel am ersten Bodensee-Schwimmtag.
Nach einem heftigen Gewitter in der Nacht ist der Morgen
ziemlich grau. Es nieselt. Doch das kann einen Schwimmer nicht erschüttern. Und bereits eine Stunde später lugt
wieder die Sonne zwischen den Wolken hindurch. Und sie
wird bleiben - drei Tage lang.
Es ist meine letzte Seequerung in diesem Jahr - Nummer
zehn. Der Bodensee ist für Freiwasserschwimmer die
Krönung, er ist der größte See der Republik. Wobei die
Menschen an der Müritz in Mecklenburg-Vorpommern sagen, ihrer sei der größte Binnensee des Landes. Weil der
Bodensee ja bekanntlich nicht nur in Deutschland liegt,
sondern auch in Österreich und in der Schweiz. Mir ist
das ziemlich egal - ich bin die Müritz längst auch schon
geschwommen. Zudem den Plöner See bei Kiel, den Am-
mer- und den Starnberger See in Bayern, das Steinhuder Meer bei Hannover, den Chiemsee bei Rosenheim,
den Schweriner, den Plauer und den Kummerower See
im Nordosten. Durch die meisten Seen bin ich der Länge
nach gekrault, manche indes nicht komplett.
Beim Bodensee hab ich mir vorgenommen, mindestens
die Hälfte der etwa 65 Kilometer zu schwimmen, auf drei
Etappen verteilt. Man könnte also sagen: ein recht ge-

mütlicher Schwimmwander-Kurzurlaub. Ich ziehe mein Gepäck wieder in einem wasserdichten Sack hinter mir her, wenn sich niemand findet, der mich mit einem Boot begleitet. Abwarten.

Am Tag eins kommen zehn Kilometer zusammen. Zunächst immer am Ufer entlang, bei Allensbach hinüber zur Reichenau, dann um die Halbinsel herum bis zur Anlegestelle der Bodenseeschiffe. Inklusive einer längeren Vesperpause an der Westspitze der Reichenau bin ich vier Stunden unterwegs. Es ist also genau genommen nur ein halber Schwimmtag. Mit anschließend Kaffee und Kuchen am Seeufer und später einer Schiffspassage nach Konstanz. Ich bin ganz froh, dass ich mich fürs Boot entschieden habe. Denn, mein lieber Schwan: Am Damm, der die Reichenau mit dem Land verbindet, warten viele hundert Schwäne. Ein Slalomschwimmen wäre kein Vergnügen. Und im Rhein durch Konstanz kraulen, das gäb' vermutlich auch ordentlich Ärger, mit der Wasserschutzpolizei.

Mein Projekt SeenSucht läuft wie geschmiert. Die Lokalzeitungen am See berichten vorab und nach dem Schwimmen. Ich finde kostenfreie Quartiere bei meiner alten Studienfreundin Susanne Raimann in Radolfzell, bei meinem Journalistenkollegen Michael Lünstroth in Konstanz, bei Alsi und Davut Sürers in Langenargen, den Bekannten meines Schwimmfreunds Hamza Bakircioglu, und im Hotel Alte Post in Lindau. Die Vereinigten Schifffahrtsunternehmen lassen ein Tagesticket springen. Am letzten Schwimmtag sponsern Bodenseeboot.de und Seechat.de mir ein Begleitboot. Was will ich mehr?

Tag zwei, Meersburg - Friedrichshafen, 18 Kilometer. Hamza, der bayerisch-türkische Bodenseeschwimmer, hat versprochen, mich zu begleiten. Er hält Wort. Kommt am Morgen nach Meersburg. Ein kurzes Zeitungsinterview, dann geht's los. Immer am Ufer entlang schwimmen. Das ist ohne Begleitboot sehr zu empfehlen, weil sicherer. Vorbei an Hagnau und zunächst bis Immenstaad. Wir steigen aus dem See und laufen, nass wie wir sind, auf die Terrasse eines Cafés am Ufer. Pizzapause mit Milchkaffee. Ein kurzer Plausch mit den Ausflüglern am Nebentisch, die zunächst gar nicht glauben wollen, dass wir eben tatsächlich aus Meersburg hergeschwommen sind.

Die nächste Etappe: bis nach Friedrichshafen. Die imposante Schlosskirche ist aus knapp zehn Kilometern Entfernung zu erahnen. Sie wird nur ganz langsam größer. Wir werden mutiger. Oder übermütig? Schwimmen jedenfalls nicht mehr jede Bucht aus. Nehmen mitunter den direkten Weg. Sparen Strecke. In Friedrichshafen empfängt uns unser Freund Matthias Müller. Er arbeitet ehrenamtlich bei der Wasserwacht Lindau - und verspricht, dass er uns zum Nachtquartier nach Langenargen fährt und am nächsten Tag die letzten Kilometer mit dem Bugklappenboot Barracuda eskortieren wird.

Tag drei, Langenargen - Lindau, gut zwölf Kilometer. Das Wetter wird immer besser. Es ist traumhaft. Wie Urlaub im Süden, nur schöner. Der Himmel und das Wasser schillern in den unterschiedlichsten Blautönen. Wenn wir nicht wüssten, dass wir im Bodensee schwimmen, die Szenerie ginge glatt als ein Stückchen Südsee durch. Die Perspektive bei jedem Armzug ist grandios. Sieht mitunter aus wie gemalt von Caspar David Friedrich.

Flankiert von zwei Booten kraulen wir schnurgerade mitten durch den See - immer auf Lindau zu. Die Stadt ist schon von weitem gut zu sehen, der Hafen mit dem südlichsten Leuchtturm Deutschlands. Das Sportboot und die Barracuda halten uns die großen weißen Ausflugsschiffe vom Leib. Die letzte Pause - diesmal an Deck. Es gibt belegte Brote, Kaffee, Cola, Bananen, Gummibärchen.

Das allerletzte Stückchen Bodensee-SeenSucht. Wir schwimmen vorbei am Hafen, biegen beim Römerbad, dem angeblich schönsten Badesteg am Bodensee, nach

links ab. Dann klettern wir an der Hafenmauer eine Leiter zum Vereinshaus der Wasserwacht hinauf. Oben angekommen fragt eine Dame: „Sind Sie der Mann, der durch alle großen Seen schwimmt? Ich hab von Ihrem Projekt in der Zeitung gelesen. Super."
Dann serviert uns Matthias ein Weizenbier und später noch eins. Die SeenSucht ist (vorerst) gestillt.

Schwimmausflug in die Schweiz

Bei Gaienhofen ist der Bodensee nur einen Kilometer breit. Was spricht also dagegen, hinüberzukraulen zu den Eidgenossen? Wenn das Wetter mitspielt gar nichts.
Ein sonniger Spätnachmittag am Bodensee. Kaum ein Wölkchen ist am Himmel, es ist fast windstill. Spiegelglatt ist die Wasseroberfläche. Von Gaienhofen in Deutschland ist die Schweiz nur etwa einen Kilometer entfernt. Ein Katzensprung. Der Yachthafen und der Kirchturm von Steckborn am anderen Ufer sind detailgenau zu erkennen.
Also los, rein in den Neopren. Das Seewasser ist schon ziemlich warm, es dürfte gut 20 Grad haben. Wer ganz allein schwimmt, ohne Begleitboot, sollte aber trotzdem besser mit Pelle schwimmen. Sicher ist sicher. Und möglichst auch mit einer gut sichtbaren Boje. Mein Anzug ist neongrün, die Boje orangefarben, die Bademütze schwarz-rot-knallgelb. Eigentlich dürfte ich nicht zu übersehen sein. Schiffe sind an diesem Tag unter der Woche aber eh kaum unterwegs. Das Wasser ist klar. Beim Start dieses kleinen Schwimmausflugs in die Schweiz kann ich den Seegrund gut erkennen, Fische beobachten. Aber schon nach ein paar kräftigen Armzügen ist der See so tief, dass der Schwimmer nur noch ins grünliche Nichts blickt. Was da unten wohl liegt? Diese Frage stelle ich mir oft beim Schwimmen im Freiwasser - und verwerfe den Gedanken immer schnell wieder.

Die ersten 200, 300 Meter ist Slalomschwimmen angesagt, mitten durch die geankerten Yachten und Kleinboote hindurch. Von Vorteil ist, wenn der Ausflügler früher zumindest mal versucht hat, ein bisschen Wasserball zu spielen. Wasserballer-Kraul ist für Touren über das offene Gewässer wärmstens zu empfehlen, möglichst oft mit dem Kopf über Wasser schwimmen, denn man weiß ja nie: kommt womöglich doch ein Speedboot angerauscht? Dann sollte man spontan anhalten oder ausweichen oder Gas geben. Ist das nicht gefährlich? Ganz allein über den See schwimmen? Das hat eben ein anderer Campingplatzbewohner gefragt. Nicht gefährlicher als Radfahren in der Großstadt, in Paris, London oder Jerusalem zum Beispiel, hab' ich auch schon gemacht. Ich fühle mich, mitten auf dem See, jedenfalls sicherer als damals im Urlaub mit dem Bike auf den Champs-Elysées oder mitten in der City der britischen Metropole oder in der Jaffastraße in der heiligen Stadt.

Kurzer Stopp nach etwa der Hälfte der Strecke hinüber zu den Eidgenossen. Grandios. Vorne Wasser, hinten Wasser, rechts und links: Wasser. Überall Wasser. Und darüber Siedlungen am Ufer und bewaldete Hügel.

Nach geschätzt gut 15 Minuten: Ankunft in Steckborn, Schweiz. Wieder an ein paar vertäuten Booten vorbei. Ein Foto machen vor der Anlegestelle der Weißen Flotte. Dann geh' ich kurz an Land. Ob das wohl erlaubt ist? Die Schweiz betreten ohne Dokumente? Ich hätte den Ausweis ja mitnehmen können. Vergessen. Im Gepäcksack sind nur mein Mobiltelefon und ein Handtuch.

An einer eisernen Leiter steige ich an Land. Und blicke direkt ins Gesicht einer Dame, die kaum einen Meter entfernt auf einer Bank sitzt und ein Buch liest. Ich staune, sie staunt. Nach ein paar Minuten trete ich die Rückreise an. Diesmal ein bisschen flotter, aber wieder oft im Wasserballer-Kraulstil.

Es gibt Reiseveranstalter, die begleitete Schwimmausflüge anbieten, über Seen, in Flüssen, im Meer. Wer solche Reisen mehrmals mitgemacht hat, bekommt Routine und kann ohne größere Bedenken auch ganz allein auf Schwimmreise gehen, zum Beispiel im Bodensee.

Kein Kummer im Kummerower See

Menschen wie Bianka Pommerenke bereiten im nordöstlichen Bundesland viel Freude. Frau Pommerenke betreibt den Campingplatz in Sommersdorf am Kummerower See. Sie hat mich eingeladen, fährt mich zum Start meiner Seequerung, organisiert mir einen Begleiter mit Motorboot und serviert mir nach dem Zehn-Kilometer-Schwimmen sofort heißen Kaffee.

Ein Sonntagnachmittag, der mit Sonnenschein begonnen hat. Mittlerweile ist es früher Nachmittag und langsam ziehen Wolken auf. Eigentlich wollte ich erst am nächsten Morgen den Kummerower See, der etwa 80 Kilometer südöstlich von Rostock liegt, queren. Aber Fred, der einzige Angestellte auf Bianka Pommerenkes Campingplatz, warnt: Morgen wird das Wetter ungemütlich. Also besser sofort schwimmen.

Bianca - wir sind längst per Du - chauffiert mich mit ihrem Van zum winzigen Hafen in dem Örtchen Kummerow am Südufer der Sees. Ein Passant fragt: „Schwimmen Sie zum anderen Ufer?" Das wären geschätzt drei Kilometer. Nein, ich schwimme der Länge nach - bis nach Verchen am Nordufer. Der ältere Herr guckt ungläubig und wünscht viel Spaß. Beim Hineinsteigen ins Wasser höre ich noch, wie Bianca erklärt, was ich vorhabe: die zehn größten Seen der Republik queren und Spenden sammeln für ein Behindertenschwimmprojekt in Ludwigsburg.

Zunächst bin ich allein unterwegs. Fred will mir aber mit einem kleinen Motorboot entgegenfahren, das in den 1960er-Jahren in der DDR gebaut worden ist und seither ungezählte Kilometer auf dem See zurückgelegt hat. Die ersten geschätzt vier Kilometer bis zum Zeltplatz schwimmen sich super. Leichter Wind von hinten - und die Peene, die durch den See bis in die Ostsee fließt, schiebt auch ein bisschen. Das tut das Flüsschen aber nicht immer, hat Bianca vorhin gesagt. Der See liege nur ein paar Zentimeter höher als die Ostsee. Immer wieder fließe die Peene auch ganz langsam in die Gegenrichtung. Später am Tag wird sich das jedenfalls so anfühlen.

„Du bist aber schon ganz schön weit gekommen", ruft Fred, als er mich etwa auf der Höhe des Camping- und Wohnmobilparks mit dem Boot abpasst. Stimmt. Noch läuft's ganz prima. Ich hab ein paar Fische gesehen, bin durch Wasserpflanzen gekrault und hab mich Zug um Zug umgeschaut. Wenig los in der ostdeutschen Provinz. Vom Wasser aus ist kaum ein Mensch zu sehen.

Bianka wird später erzählen, dass die Urlauber, die zum Kummerower See kommen, tatsächlich nicht viel mehr suchten als Ruhe am oder im See. Wer schwimmen will oder Boot fahren, angeln oder spazieren gehen, wer ein bisschen wandern will oder viel joggen, der ist hier goldrichtig. Kein Kummer am Kummerower See. Wer indes ein bisschen mehr sucht, kulturelle Veranstaltungen oder ein paar originelle Kneipen zum Beispiel, der sollte besser an der Müritz oder - noch besser - am Schweriner See urlauben.

Fred fährt mit ordentlich Abstand vor, neben oder hinter mir. Sicher ist sicher. Die Schraube des kleine Außenbordmotors ist für Schwimmer gefährlich. Mittlerweile ist der Himmel total grau. Fred wird später berichten, dass es ein bisschen geregnet habe, was mir beim Schwimmen gar nicht auffällt. Wind kommt auf. Die Wellen werden größer. Und was macht die Peene? Fühlt sich jedenfalls nicht so an, als ob die Strömung mich noch immer in Richtung Verchen schieben würde. Ich werde langsamer. Nach rund zweieinhalb Stunden winke ich Fred her - ich muss unbedingt etwas essen. Halte mich an der Leiter des Boots fest und öffne meinen wasserdichten Gepäcksack, esse ein paar Kekse und drei kleine Schokoriegel, trinke etwas und schwimme bald weiter.

Verchen ist längst in Sicht, scheint aber kaum näher zu kommen. Nach gut drei Stunden und geschätzt etwa zehn Kilometern im Kummerower See bin ich nah am Ufer. Fred sagt, er könne wegen der geringen Wassertiefe nicht mehr weiterfahren. In der Tat: ich kann im See stehen. Mache ein paar Fotos und steige dann an Bord. Für den Rückweg bis zum Zeltplatz benötigen wir rund 20 Minuten.

Dann gibt's den heißen Kaffee. Vielen Dank, Bianka und Fred. Vielleicht komme ich mal wieder und schwimm in der Peene bis in die Ostsee.

Mein Müritz-Marathon

Ein Morgen Mitte Juli. Der Wettergott ist gnädig. Es weht ein laues Lüftchen von Südwest. Die Sonne lacht vom Himmel. Ganz anders als am Vorabend, als der Himmel noch bedeckt war und ein ordentlicher Wind von Nordwest geblasen hat.

Für die Querung der Müritz, das größte Binnengewässer, das vollständig innerhalb Deutschlands liegt, hab' ich eine ganze Crew - diese wird angeführt von Karsten. Karsten Hub ist Vorsitzender des Vereins Wassersport Müritz. Der Club veranstaltet das traditionsreiche Müritzschwimmen, das schon zu DDR-Zeiten hunderte Sportler an und in den See gelockt hat. Zusammen mit Benjamin Nofz, dessen Freundin und einem Skipper sitzen wir auf einer 100-PS-Yacht und rasen von Waren in Richtung Start bei Rechlin im Süden des Sees.

Wir sind fast eine Stunde lang unterwegs, und mich beschleichen Gefühle, die ich ganz schnell versuche zu verdrängen: Was für einen Mist hab ich mir da nur eingebrockt. Die ganze Distanz soll ich zurückschwimmen? Was für eine Schnapsidee. Ich bin zwar schon weiter als 20 Kilometer geschwommen, einmal sogar fast 40 Kilometer im Neckar. Aber ich bin so eine Distanz noch nie unmittelbar vor dem Start mit einem Speedboot abgefahren. Gegen halb zehn sind wir in Rechlin. Jetzt will ich eigentlich ganz schnell starten. Aber ein Journalist der Deutschen Presseagentur wartet, und wir müssen zunächst Fragen beantworten, uns fotografieren und filmen lassen. Noch während ich schwimme, werden viele Zeitungen aus allen Ecken Deutschlands auf ihren Online-Portalen vermelden, dass ein Ausdauersportler aus Baden-Württemberg gestartet ist, um den größten See der Republik zu bezwingen. Was den Druck ein bisschen erhöht. Ich sollte auch ankommen. In grob geschätzt sieben Stunden, hab ich dem Reporter gesagt. Es geht mir aber nicht um eine möglichst super gute Schwimmzeit, sondern darum, überhaupt anzukommen und Spenden zu sammeln für unser Behinderten-Schwimmprojekt in Ludwigsburg.

Kurz vor zehn Uhr. Der Start. Karsten begleitet mich in einem Kajak. Er wird immer ganz in meiner Nähe bleiben, nur deshalb werde ich mitten über den See schwimmen und nicht am Ufer entlang. Die Yacht, die uns ein Bootsverleih in Eldenburg kostenfrei zur Verfügung stellt, schippert in einiger Entfernung neben uns her.

Sonne, blauer Himmel, ein bisschen Wind von schräg hinten. Was will ich mehr. Ich schwimme mein gemütliches Schwimmwander-Tempo und schaffe zunächst trotzdem vier Kilometer in der Stunde. Erst am Westufer der Müritz entlang. Nach eineinhalb Stunden ein kurzer Stopp. Ein Brot, ein Schokoriegel, ein bisschen trinken.

Dann steuern wir auf das gegenüber liegende Ostufer zu, queren die Müritz. Der Wind bläst jetzt eher von vorne als von hinten. Wellen erschweren das Vorankommen. Fühlt sich an wie Schwimmen auf der Stelle. Nach einer kleinen Ewigkeit frage ich Karsten, ob wir überhaupt noch Strecke machen. Klar, ruft er. Und ich bin beruhigt. Schon schwimmt sich die Müritz wieder besser.

Im Laufe der Stunden bestätigt sich mal wieder, was wohl alle Ausdauersportler wissen: Vieles ist reine Kopfsache. Ich weiß: heute müssen 20 Kilometer geschwommen werden. Nicht zehn Kilometer und auch nicht 30. Also schwimme ich halt die 20 Kilometer.

Nach knapp drei Stunden erklärt Karsten, dass die rot-weiße Boje vor uns die Müritz-Mitte markiere. Cool. Ich bin jetzt wirklich mitten auf dem See. Und weiß: noch mal rund zehn Kilometer stehen an.

Macht richtig Spaß, das Schwimmen an diesem grandiosen Tag, speziell wegen der Begleitung durch die anderen Schwimmverrückten. Karsten, Benjamin und ihre Mitstreiter hatten auf meine Anfrage sofort sinngemäß erklärt: „Klar kannst du bei uns übernachten, und wir werden dich auch auf der Müritz begleiten. Deine SeenSucht ist tolle Werbung für den Schwimmsport."

Bis hinüber zum Ostufer bleibt das Schwimmen ein Ritt auf kleinen Wellen. Später schwimme ich wieder am Ufer entlang. Die Müritz ist auf der Ostseite mitunter nur knietief. Für den Kanufahrer und den Schwimmer ist das aber kein Problem. Wir kommen vorbei an Badestellen und dem einen oder anderen Bootssteg. Noch zweimal leicht nach links schwimmen - dann ist die Hafenstadt Waren zumindest zu erahnen. Karsten ruft: „Jetzt immer in Richtung Kirchturm." Die letzten geschätzt vier, fünf Kilometer ziehen sich arg in die Länge. Die fiesen kleinen Wellen machen das Kraulen auch nicht einfacher. Sie sind unberechenbar, mal kommen viele, eine nach der anderen, dann werden die Abstände etwas größer, bald wieder kleiner.

Erstmals habe ich den Gedanken: kein Bock mehr. Kopfsache halt. Wir haben jetzt rund 20 Kilometer geschafft. Es reicht. Nach weiteren ungezählten Armzügen erreichen wir die Außenmole des Warener Hafens. Ich klettere über unser Boot an Land. Und werde von einer jungen Schönheit empfangen. Sehr schön. Nadine Julitz ist die stellvertretende Stadtpräsidentin von Waren - und damals SPD-Kandidatin für die Landtagswahl in ein paar Wochen. Sie überreicht mir einen Blumenstrauß und erkundigt sich nach dem Wohlbefinden des Schwimmers. Mittlerweile ist Nadine längst Parlamentarierin.

Ich fühle mich nach fast genau sechs Schwimmstunden prima, hab aber schwere Arme. Wie sich einer eben so fühlt, wenn er ein ambitioniertes, selbst gestecktes Ziel tatsächlich erreicht hat.

Am Abend sitzen die Müritzschwimmer und der Mann vom Neckarufer bei Warener Bier und Wein aus dem Remstal zusammen. Karsten sagt, dass ihr Verein künftig womöglich Querungen der Müritz anbieten wolle - nach dem Vorbild der Bodenseequerung. Eine prima Idee. Ich kann den Müritz-Marathon allen Ausdauerschwimmern nur wärmstens empfehlen.

Sorry, Plauer See

Ich muss mich entschuldigen. Beim Plauer See. Der hätte mehr verdient als zwei läppische Breitenquerungen. Aber ich bin ein bisschen in Zeitnot. Also diesmal etwas weniger Strecke, ausnahmsweise keine Längsquerung. Sondern nur einmal vom Ostufer hinüber nach Plau am See, geschätzt drei Kilometer. Und dann wieder zum Ostufer und zurück zum Start beim Naturcamping-Platz Zwei Seen. Das Betreiberehepaar, das aus Darmstadt stammt, hat mich eingeladen. Ich darf in einem ihrer kuriosen Schlaffässer nächtigen. Allein das ist schon die Reise wert.

Dieser Sommertag fühlt sich an wie Herbst. Der Himmel ist grau. Das Thermometer zeigt nur 15 Grad Lufttemperatur an. Das Seewasser hat rund 20 Grad.

Obgleich an diesem Tag nur knapp sieben Kilometer zusammenkommen werden, gibt es schon beim Start Applaus. Vom Campingplatzbetreiber und von ein paar Buben, die sich neugierig erkundigen: „Was macht der da?" Die Kinder fragen: „Gehst du tauchen?" Nein schwimmen. „Das will ich auch mal machen", sagt eines der knapp zehnjährigen Kinder.

Die Stadt Plau am See ist vom Start weg immerhin zu erahnen. Der Wind bläst ordentlich aus Nordwesten - und ich muss, richtig, in Richtung Nordwesten. Wenn schon eine so kurze Strecke, dann zumindest unter etwas erschwerten Bedingungen. Der wasserdichte Transportsack, den ich im Schlepptau hab, wirkt wie ein kleiner Bremsfallschirm.

Ohne Begleitboot heißt es: immer gut aufpassen. Oft rechts gucken und oft links gucken. Nach vorne gucken und nach hinten gucken. An diesem Tag unter der Woche sind zum Glück nur wenige Boote unterwegs. Nur einmal kommt mir ein Segelschiff arg in die Nähe - und dreht ab. Ein Kran, der mitten in Plau steht, dient als Orientierungshilfe. Ganz langsam wird er größer. Nach etwa 50 Minuten bin ich nah am Ufer. Von links schippert ein kleines Boot heran. Ich frage den Mann an Bord, ob ich tatsächlich in Plau angekommen bin. Man weiß ja nie.

Der Mann heißt Frank, und er fragt mich, ob er mich auf eine Spritztour durch die Stadt mitnehmen dürfe. Aber gerne doch. Und dann sagt er noch: „Ja, das ist Plau." Ich steige an Bord. Und Frank, geschätzt knapp 50 Jahre alt, gibt so viel Gas, dass der kleine Acht-PS-Yamaha-Motor ordentlich jault. Frank ist Altenpfleger und erzählt, dass er, seit er denken könne, in Plau lebe. Er habe ein paar Tage frei und wolle den Motor testen, den ihm ein Kumpel geschenkt habe. Ich komme ihm offenbar ganz gelegen als Begleiter für die kleine Testfahrt.

Wenig später fahren wir - jetzt aber ganz langsam - durch einen Kanal in Richtung Plauer Stadtzentrum. Zunächst vorbei an betagten, teilweise windschiefen Bootsschuppen, später mit Blick auf schmuck renovierte Prachtbauten und neue Häuser, die direkt am Wasser stehen.

Nach gut einer halben Stunde wirft mich der Skipper dann wieder von Bord, ein bisschen weiter südlich von der Stelle, an der er mich vorher aufgegabelt hat. Vom sogenannten Zuruf am Westufer sind es nur 1,5 Kilometer hinüber bis zum Ostufer. Deshalb der Name Zuruf, eine sehr schmale Stelle des Sees. Die 1500 Meter sind flott geschwommen, dann noch ein bisschen am Ufer entlang nach Norden. Schon ist dieser kurze Schwimmtag vorbei, schade eigentlich.

Ich sollte wiederkommen und von Plau bis nach Alt-Schwerin schwimmen. Mindestens. Vom Natur-Zeltplatz aus gibt es noch eine ganz besonders interessante Schwimm-Option: Es sollte möglich sein, über den Petersdorfer See, vorbei an der Inselstadt Malchow, durch den Fleesensee und den Kölpinsee bis in die Müritz zu schwimmen. Kein schlechter Plan.

Schwer beeindruckt von Schwerin

Schon der Start der Schweriner Seequerung ist bombastisch. Los geht's mit Blick auf das pompöse Schweriner Schloss. Was für eine grandiose Kulisse. Das dürfte nur schwer zu toppen sein. Die Sonne strahlt vom Himmel, die Wasseroberfläche ist nahezu spiegelglatt und darauf schimmert das Abbild des Fünfflügelbaues. Fachleute sprechen von einem der bedeutendsten Bauwerke des romantischen Historismus. Einfach toll anzuschauen, das Märchenschloss, speziell vom Wasser aus. Heute residiert im Schloss der Landtag von Mecklenburg-Vorpommern. Nobel, nobel.

Die ersten paar hundert Meter also immer nach links atmen - mit Schlossblick. Gestartet bin ich an diesem tollen

Sommertag vom Steg der Schweriner Rudergesellschaft. Der altehrwürdige Club gewährt mir Asyl. Am Abend habe ich mein Zelt direkt am Ufer auf dem Vereinsgelände aufstellen dürfen. Mein Projekt SeenSucht wird immer mehr zum Selbstläufer. Ich muss (fast) nur noch schwimmen. Diesmal hab ich eine Begleiterin gefunden, die ich bis dato überhaupt nicht kannte. Lisa sitzt im Kajak und gibt mir die Richtung im Schweriner See vor. Verschwimmen ist also kaum möglich. Lisa kennt den See wie ihre Westentasche. Lisa Bach stammt, passend zum Nachnamen, aus Marbach am Neckar. Sie war also mal Quasi-Nachbarin meines SV Ludwigsburg mit dem Clubhaus direkt am Neckarufer. Lisa, Freunde nennen sie Socke, hat von meiner geplanten Querung des Schweriner Sees in der Lokalzeitung gelesen und sich spontan bei mir gemeldet. Hoch lebe Facebook.

Lisa sagt, sie habe bis zum frühen Nachmittag Zeit. Den letzten Teil der geschätzt knapp 25 Kilometer werde ich also vermutlich allein unterwegs sein - nun ja, nicht ganz allein. Wir haben noch ein Boot im Schlepptau, es wurde vom NDR gechartert und befördert ein Fernsehteam, das einen kleinen Beitrag über meine SeenSucht für das Vorabendprogramm dreht. Deshalb muss ich ab und zu anhalten und direkt vom Wasser aus Fragen beantworten. „Was sagt Ihre Frau denn dazu, dass Sie andauernd weg sind und schwimmen?"

Das ist eine der vielen Fragen der Reporterin. Meine knappe Antwort: sie muss ja nicht mitschwimmen, lässt mich halt gehen - und hat mich bis dato jedenfalls immer wieder zurückgenommen. Abwarten, ob das so bleibt. Nach solchen Kurzinterviews geht's ganz flott weiter. Die Bedingungen sind nach wie vor ideal. Leichter Wind schräg von hinten und immer noch Sonne. Für später ist Regen angesagt, es soll eventuell gewittern.

Lisa ist in den hohen Norden gezogen, weil es ihr am See

besser gefällt als am Neckar. Es sei nie zu heiß in Meck-Pomm. Immer wehe ein bisschen Wind. Und die Menschen seien nett. Kann ich alles nur bestätigen.

Das Schloss ist nicht mehr zu sehen. Aber der Paulsdamm ist bereits zu erahnen, der Wall, der den Inneren und den Äußeren See voneinander trennt. Auf dem Paulsdamm verläuft eine viel befahrene Straße. Unten führt nur ein schmaler Kanal hindurch. Schwimmen, haben mir die Schweriner Ruderer gesagt, sei in dem nur wenige hundert Meter langen Kanal tabu. Also werden wir uns etwas einfallen lassen müssen, das Fernsehen guckt schließlich zu. Wer weiß, ob ein Ordnungshüter den Beitrag schaut und dann eine Mahngebühr verlangt.

Kurze Pause. Ein bisschen Apfelsaftschorle trinken, einen Schokoriegel futtern - und weiter. Wir kommen super schnell voran. Viel schneller als gedacht. Sind schon nach gut zwei Stunden am Damm. Ich hatte mit mindestens drei Stunden gerechnet, womöglich mehr, wollte indes auch näher am Ufer entlang schwimmen. Aber mit Kajakbegleitung ist das Schwimmen mitten im See sicher.

Ein Landgang beim Paulsdamm. Dann entscheiden wir: ich steige für die Strecke im Kanal um aufs Kajak, sitze leicht schwankend hinter Lisa und stürze mich nach ein paar Minuten huckepack wieder in den See, den Äußeren. Das Wasser ist etwas kälter als im Inneren See, aber immer noch geschätzt rund 20 Grad warm. Sehr angenehm zu schwimmen. Am späten Vormittag kommt mehr Wind auf. Leichte Wellen schaukeln das Kajak und den Schwimmer. Jetzt geht's wieder schnurgerade mitten über den See. Immer in Richtung Lieps, die längliche Insel im Norden des Schweriner Sees.

Ohne Lisa würde ich bestimmt zickzack schwimmen, deshalb hatte ich auch mit rund 25 Kilometern und eventuell sieben bis acht Stunden Schwimmzeit gerechnet. Aber mittlerweile zeichnet sich ab, dass wir sehr viel früher ankommen in Bad Kleinen. Nach knapp vier Stunden sind wir an der Spitze der Insel. Nach etwa fünf Stunden Netto-Schwimmzeit Ankunft am Ziel. Ich bin rund 20 Kilometern weit gekrault.

Ein paar Männer und Frauen in orangefarbenen Jacken empfangen uns mit Applaus. Glückwunsch, rufen sie und erklären, sie hätten von der Seequerung in der Zeitung gelesen. Die gesamte Strecke durch den Schweriner See, sagen die Helfer der DLRG, sei - soweit sie wüssten - noch keiner gekrault.

Ankunft in Bad Kleinen. Ganz in der Nähe des Badeplatzes der DLRG ist der Bahnhof. Deshalb das Ziel Bad Kleinen. Eigentlich hatte ich nämlich vor, mit dem Zug zurück nach Schwerin zu fahren.

Bahnhof Bad Kleinen? Da war doch was. Am See will davon aber keiner mehr was hören - von dem aus dem Ruder gelaufenen Einsatz der Elitetruppe GSG 9 im Jahr 1993 gegen Terroristen der Roten Armee Fraktion. Also lassen wir das Thema. Ist ja viel zu schön hier.

Ohne jeden Gedanken an die GSG 9 und die RAF besteige ich das Boot, das das NDR-Team chauffiert hat. Der Skipper nimmt uns mit auf eine Sightseeing-Tour, durch schmale Kanäle, über den Ziegelsee und vorbei an alten, schmuck renovierten und sündhaft teueren Bootshäusern mit Wohnstube im Obergeschoss.

Schließlich sind wir zurück bei der Rudergesellschaft mit Schlossblick. Der Vorsatz ist gefasst: Ich komme wieder in die Landeshauptstadt. Hier gibt es noch ungezählte andere Möglichkeiten für Freiwasserschwimmer. Schwerin, ich bin schwer beeindruckt von dir und deinen Seen.

Mitte der siebziger
Jahre in Hörnum auf
Sylt: im südlichsten
Ort der Nordseeinsel
bin ich zur Schule
gegangen und oft
am Strand gewesen.
2014 bin ich die
ganze Westküste
der Insel
abgeschwommen:
knapp 30 Kilometer.

1979 beim
Schnorcheln
im Roten Meer, wo
ich 2016 beim
Red Sea Swim Cup
Gold gewonnen habe.

Neckarschwimmen mit Blick auf Heidelberg

Mit Volker im Neckar auf unserer 300-Kilometer-Tour

Eine ganze Horde Neckarschwimmer in Ludwigsburg

Kraulen einmal um Bamberg mit Conny Prasser

Startsprung in den Tiefen See bei Maulbronn

SeenSucht Schwerin - durch den See gekrault

Training mit Tanja Engels, im Gardasee bei Torbole

Mitten im Mittelmeer: Xlendi, Gozo, Malta

Einmal die ganze Sylter Westküste entlang

Schwimmen mit Leuchtturmblick, Hörnum

Mit Dierk von Pellworm nach Hallig Hooge gekrault

Einmal rund um St. Mary's, Scilly Islands

Mit Matthew und seinem Sohn Reuben in Cornwall

Das einmalige Meerwasser-Becken in Saint-Malo

Piscine Molitor, Paris: Training in Tarzans Traumpool

Eisschwimmen in Erbstetten, ein Bier von der Bürgermeisterin

Eisschwimmen vor Traumkulisse im Chiemsee

Eistraining im Isarkanal in Bayern

Im Eiswasser: mit Tochter Fania und Freund Reiner in Erbstetten (oben) und im Chiemsee

Wasser zwei Grad: Die kältesten 15 Minuten meines Lebens, German Open in Burghausen

Wellenreiten im bayerischen Meer

Der Jochen ist ganz angetan von meinem Schwimmprojekt SeenSucht und bietet spontan an, mich bei der Querung „seines" Sees zu begleiten. Jochen Aumüller wohnt ganz nah am Wasser - in Bernau, einem Städtchen direkt am Chiemseeufer. Wir kennen uns vom Eisschwimmen. Alles klar, wir werden zusammen die geschätzt 15 Kilometer von Seebruck im Norden bis nach Bernau im Süden schwimmen.

Wenig später meldet sich auch der Christof - und sagt: „Coole Aktion, darf ich mitschwimmen?" Was für eine Frage! Und was für eine Ehre. Christof „Wandi" Wandratsch will mit mir durch den Chiemsee kraulen. Christof ist der routinierteste Langstrecken- und Freiwasserschwimmer Deutschlands, mindestens. Er war Nationalschwimmer, hält alle möglichen und unmöglichen Rekorde. Der Wandi hat die 88 Kilometer in Parana, Argentinien, gewonnen, das längste Rennen der Welt. Christof hat das Eisschwimmen nach Deutschland gebracht. Er ist mehrmals Eis-Weltmeister gewesen. Eigentlich hatten wir schon Anfang Mai durch den Chiemsee schwimmen wollen. Doch kurz vorher hat es noch mal geschneit, das Wasser im Chiemsee hatte nur rund sechs Grad. Das ist selbst für routinierte Eisschwimmer bei so einer langen Etappe ein bisschen zu kalt. Also abwarten.

Anfang Juli ist es dann soweit. Endlich. An einem grauen Sonntagmorgen stehen der Jochen, der Christof und ich am Chiemseeufer in Seebruck. Wir sind bereits in aller Herrgottsfrühe aufgestanden. Der Wetterbericht sagt für den Nachmittag nämlich heftige Gewitter voraus. Deshalb wollen wir möglichst bald ankommen in Jochens Heimatstädtchen. Und deshalb wollen wir gegen sechs Uhr losschwimmen. Über den Alpen hängen dunkle Wolken. Der

Jochen kennt das Revier wie seine Westentasche und sagt sinngemäß: kein Problem, nur Regen, kein Gewitter. Später wird sich sein Urteil ändern, aber wir werden trotzdem weiterschwimmen. Bei ungemütlichen Bedingungen. Also bitte: hinein ins zweifelhafte Vergnügen. Es ist kurz vor halb sieben und Christof sagt: „Warum tue ich mir das an?", grinst sein Wandi-Lachen und legt los. Er zieht ein aufblasbares Stand-up-Paddel hinter sich her, darauf sind geschnallt: seine Klamotten, mehrere Liter Getränke, die Paddel und Jochens wasserdichter Gepäcksack. Jochen zieht „nur" eine Sicherheitsboje, ich meinen Gepäcksack, darin ein Fotoapparat, das Handy, eine Hose, ein Handtuch und ein paar Schokoriegel.

Wir haben vereinbart: gemütlich kraulen. Aber was heißt das schon, wenn der Wandi mitschwimmt. Wenn der Christof langsam schwimmt, dann müssen andere sich mächtig anstrengen, um mitzuhalten, selbst wenn der Meister ein langes Board im Schlepptau hat.

Die ersten zwei, drei Kilometer kommen wir einigermaßen flott voran. Doch dann zieht immer mehr Wind auf - von vorne, und der Chiemsee erklärt, warum er auch das bayerische Meer genannt wird. Die Wellen werden immer höher, bis zu eineinhalb Meter türmt sich das Wasser. Und wir werden unfreiwillig zu Wellenreitern und Wellenbrechern.

Ein kurzer Stopp. Wir halten uns am schaukelnden Board fest, trinken, besprechen die Lage. Jochen sagt mit Blick in Richtung Kampenwand: „Das gefällt mir gar nicht." Ist das Gewitter schneller im Anzug als vorhergesagt? Jochen schlägt zwar vor, zum Ufer zu kraulen und dann nah am Ufer weiterzuschwimmen. Der Wandi hingegen sagt: kein Problem, weiterkraulen, mitten auf den See, immer in Richtung Fraueninsel, die im Moment allenfalls zu erahnen ist. Also weiterschwimmen.

Wir werden durchgeschaukelt. Die GPS-Uhr zeigt an, dass wir mitunter viel zu langsam unterwegs sind. Wenn das so weitergeht, dann schaffen wir die Strecke nie im Leben wie geplant in fünf Stunden. „Für die letzten 600 Meter haben wir 20 Minuten gebraucht", sagt der Wandi. Eigentlich sollen wir in dieser Zeit mindestens einen Kilometer schaffen. Mindestens.

Wir werden wieder etwas schneller und erreichen die Fraueninsel nach knapp vier Stunden. Wir sind fast zehn Kilometer weit geschwommen. Luftlinie wären es nur rund 8,5 Kilometer gewesen. Wir sind also einen Zickzack-Kurs geschwommen. Hübsche Gärten, kleine Häuschen, Spazierwege, Gaststätten, Kioske, sogar eine kleine Brauerei: Der kurze Landgang auf der Fraueninsel bringt uns ein bisschen Abwechslung. Manche Ausflügler, die mit dem Schiff gekommen sind, fragen uns aus, und sie können kaum glauben, dass dieses Trio infernale tatsächlich hergekrault ist. Auf der knapp 16 Hektar großen, autofreien Insel wohnen etwa 300 Menschen. Das Kloster Frauenwörth prägt den Charakter des idyllischen Eilands. Hier könnte man es locker ein paar Stunden aushalten, ein Bierchen trinken und in der Sonne sitzen, die zwischen den Wolken hervorlugt. Der Wind hat nachgelassen, die dunkle Wetterfront ist nach Osten abgezogen, vorerst.

Wir indes müssen weiter - und der Christof sagt, was vermutlich alle drei denken: „Ich hab keinen Bock mehr." Nach dem kurzen Spaziergang steigen wir halt wieder in den See. „Noch ungefähr sechs Kilometer", sagt der Jochen. Und der Wandi gibt ordentlich Gas. Jetzt schwimmen wir drei Kilometer in 40 Minuten, also sehr viel schneller als vorhin. Vorbei an der größeren Herreninsel. Diesmal legen wir keinen Stopp ein, denn über den Alpen kündigen sich die nächsten Wetterkapriolen an. Dabei wäre auch die Herreninsel ganz bestimmt einen Besuch wert - nicht nur wegen des Neuen Schlosses, das der legendäre König Ludwig II einst hat bauen lassen, es ist dem Versailler Schloss nachempfunden. In diesem Neuen Schloss wurde später Geschichte geschrieben: In dem Prachtbau versammelte sich im Jahr 1948 der Verfassungskonvent, der einen Entwurf des neuen Grundgesetzes für die künftige Bundesrepublik erarbeitet hat.

Das interessiert uns beim Vorbeischwimmen an der Herreninsel indes weniger. Wir versuchen jetzt möglichst zügig das Südufer zu erreichen, denn die Gewitterfront zieht wieder heran. Wir steuern immer auf ein markantes, breites Gebäude zu. Gegen 13 Uhr erreichen wir das Ufer, schwimmen noch mal knapp zwei Kilometer immer mit Blick in Richtung Bernau am Ufer entlang. Zweimal müssen wir unter einem Bootssteg hindurch. Dann sind wir am Ziel: beim sogenannten Eisberg, einer aufgeblasenen, weißen Kletterburg, die vor Bernau im See schwimmt. Jochens Familie empfängt uns mit einer zünftigen Brotzeit. Und dann fängt es an, wie aus Kübeln zu gießen. „Mist, jetzt werden wir nass", sagt der Wandi.

Es ist vollbracht. Wir haben im Chiemsee genau 16,3 Kilometer zurückgelegt, in einer Netto-Schwimmzeit von 5:23 Stunden. Das ist gar nicht mal so übel, wenn man bedenkt, wie ungemütlich das Wetter zeitweise war.

Jochen, ich komme bald wieder. Und dann schwimmen wir hinüber zur Herrenisnel. Die will ich unbedingt auch noch besuchen, schwimmend. Denn Fähren und Schiffe sind ja bekanntlich nur etwas für Feiglinge.

Zur Inselfestung und zurück

Spötter sprechen von der größten Badewanne des Landes. Doch das Steinhuder Meer westlich von Hannover ist weit mehr. Sicher, man könnte auch zu Fuß durch gehen, auf dem Grund des Meers. Aber warum sollte man laufen, wenn man doch schwimmen kann? Also schwimmen wir. Durch das Steinhuder Meer, den größten Flachsee Norddeutschlands. Die Wassertiefe beträgt durchschnittlich nur eineinhalb Meter. Deshalb wird dieses merkwürdige Meer mitunter belächelt. Doch das ist ungerecht.

Am Abend vor dem Start der Seequerung noch allerbeste Bedingungen. Strahlender Sonnenschein. Kaum Wind. Spiegelglatte Wasseroberfläche. Genauso wünscht es sich der Freiwasserschwimmer. Doch am Morgen dann: Regen. Und Wind. Egal. Wir wollen das Meer queren, von der Badeinsel bei Steinhude zur Inselfestung Wilhelmstein und dann wieder zurückschwimmen.

Marcus Reineke hat spontan zugesagt, als er von meiner Idee gehört hat, von meiner SeenSucht. Marcus wohnt ein paar Kilometer südlich vom Steinhuder Meer. Er ist Trainer, betreibt eine Schwimmschule, kennt die Region und fast alle potenziellen Schwimmstrecken im Großraum. Wir kennen uns vom Eisschwimmen in Burghausen, wo bei unter fünf Grad Wassertemperatur nur in Badehosen gekrault werden muss.

An diesem etwas schmuddeligen Tag im Juni, der sich anfühlt wie April, stecken wir allerdings in Anzügen. Sicher ist sicher. Wer mit Neo schwimmt, der geht im Notfall nicht unter. Und wir haben kein Begleitboot, dafür aber auffällige, orangefarbene Bojen im Schlepptau. Ein paar Schaulustige wollen gar nicht glauben, dass wir zu der einst von Graf Wilhelm von Schaumburg-Lippe für Verteidigungszwecke angelegten Insel kraulen werden. Man könnte sich in der Tat Schöneres vorstellen für so einen schmuddeligen Sonntagmorgen. Aber es hilft ja nichts: los, rein jetzt ins Wasser, das geschätzt knapp 20 Grad haben dürfte.

Start. Wir schwimmen recht zügig nebeneinander her. Eigentlich wollte ich ja ganz gemütlich schwimmwandern. Aber wer einen Sportler wie den Marcus fragt, der darf sich nicht wundern. Marcus schwimmt regelmäßig Wettkämpfe. Er krault oft schneller als viele seiner jüngeren Konkurrenten. Die Orientierung im Steinhuder Meer fällt uns zunächst leicht. Die fast rechteckige Insel ist zwar weit weg, aber sie ist selbst aus dem Wasser heraus ganz gut zu sehen. Trotz des Wellengangs kommen wir zügig voran, stoppen nur zwei, drei Mal um Fotos zu machen. Bei diesen kurzen Pausen stellen wir uns auf den Grund des Sees und bleiben dabei mit den Oberkörpern tatsächlich über Wasser. Jedes Mal. Nach und nach indes sinkt man beim Stehen in den morastigen Boden ein. Ein komisches Gefühl. Ganz klar: schwimmen ist angenehmer. Wer weiß, was da alles im Schlick steckt. Womöglich Aale oder anderes Getier. Die meisten Urlauber sitzen ganz offenkundig noch beim Frühstück, oder sie liegen sogar noch im Bett. Wir haben den See jedenfalls fast für uns allein - noch. Das wird sich auf dem Rückweg ändern.

Nur einmal kommt uns ein Segelschiff in die Quere. Der Kapitän dreht rechtzeitig ab. Nach etwa einer Stunde und 15 Minuten erreichen wird die Festung, die längst nicht mehr uneinnehmbar ist. Ganz im Gegenteil. Gäste sind willkommen, werden mit motorisierten Holzsegelbooten gebracht. Auf dem Wilhelmstein werden Speisen und Getränke verkauft. An diesem Morgen sind die beiden Schwimmer aber noch fast allein mit der jungen Dame, die serviert. Die Frage, ob wohl schon mal jemand herübergekrault ist, beantwortet sie: Nein. Wir werden aber nicht behaupten, dass wir die Pioniere sind. Wer weiß, ob nicht jemand in längst vergangenen Zeiten schon mal zum Wilhelmstein geschwommen ist. Die Insel gibt es schließlich schon seit rund 250 Jahren. Luftlinie sind es ziemlich genau 4,2 Kilometer von der Badeinsel zum Wilhelmstein, sagt Marcus. Diese Ideallinie haben wir aber bestimmt nicht genommen.

Nach dem Plausch mit der Kellnerin noch schnell zwei, drei Fotos schießen und dann wieder hinein ins Vergnügen. Jetzt schwimmen wir mit Rückenwind. Wo genau wir hinmüssen, das ist von der Insel aus nicht zu erkennen. Die grobe Richtung ist aber klar. Mittlerweile ist es halb zwölf - und die Urlauber sind erwacht. Viele sitzen in ihren Jollen und schippern über den See. Von Minute zu Minute ist mehr los auf dem Steinhuder Meer. Wir müssen jetzt alle paar Züge nach vorne, nach hinten, nach rechts und nach links aufschauen. Das ist anstrengend. Nach geschätzt einer halben Stunde ist der Steg, der das Land mit der Badeinsel verbindet, zu erahnen. Wir sind einen größeren Bogen geschwommen, einen ordentlichen Umweg. Auch die letzten zwei Kilometer bewältigen wir ohne Probleme, ohne Krämpfe, ohne Kollisionen mit Segelbooten.

Ankunft am Start- und Zielpunkt. Marcus' Frau strahlt, als wir aus dem See steigen. Sie ist froh, dass der Gatte unbeschadet ankommt. Und was sagt er? Schön war's. Noch mal müsse er sie aber nicht machen, diese Querung der angeblich größten Badewanne der Republik.

Der Star(nberger See)

Für viele ist er der Star unter den bayerischen Seen: der Starnberger See. Schwimmer kraulen hier vor grandioser Alpenkulisse.

Die S-Bahn spuckt die Menschen direkt am Seeufer aus. Rechts geht`s in die Innenstadt, links zum Wasser. Am Schiffskai verkauft ein adrett mit einer schmucken Uniform gekleideter Mann Tickets für die Bootspassagen. Wo genau liegt das Örtchen Berg? Er deutet auf ein paar Häuser auf der anderen Seeseite. Die Aussage, dass ich jetzt gleich dorthin schwimmen wolle, quittiert er nicht etwa mit Worten wie diesen: Sind Sie wahnsinnig? Sie kommen den Ausflugsbooten in die Quere! Nein, er erklärt sinngemäß: Aha, interessant. Er werde den Kapitänen Bescheid geben, dass sie ein bisschen aufpassen. Erstaunlich. Der Starnberger See ist ganz offenkundig ein gutes Revier für Schwimmer. Ganz besonders an Tagen wie diesem - mit blauem Himmel und strahlendem Sonnenschein.

Also los. Nichts wie rein in den Neoprenanzug. Ein deutsch-französisches Ehepaar fragt: Was machen Sie denn? Und bekommen eine Antwort in Kurzvariante. Ich werde nach Berg rüberschwimmen, geschätzt drei Kilometer weit, und dann immer an der Ostküste des Sees entlang, möglichst bis nach Seeshaupt am Südende. Geschätzt 22 Kilometer weit, vielleicht auch ein paar mehr. Mit dem Projekt SeenSucht verbringe ich einen Teil meines Sabbathalbjahres und sammele Spenden für ein Behinderten-Schwimmprojekt in Ludwigsburg.

Das Seewasser ist herrlich warm - jedenfalls für den, der im Neo steckt. Es hat vermutlich knapp 18 Grad. Und von oben wärmt die Sonne. Gleich zum Start ein anspruchsvolles Teilstück. Das Schwimmen über einen See ist immer so eine Sache. Tiefes Wasser beflügelt die Fantasie.

Was mag wohl alles unten auf dem Seegrund liegen? Und man weiß nie hundertprozentig, ob alle Schiffskapitäne einen sehen - trotz des knallorangefarbenen Transportsacks im Schlepptau. Es empfiehlt sich Dreierzug-Schwimmen, also jeden dritten Armzug atmen. Links, rechts, links, rechts. Und alle paar Meter nach vorne und nach hinten schauen. Das ist ein bisschen mühsam. Ich komme trotzdem einigermaßen flott voran. Bald sind die Schiffe an der Anlegestelle Starnberg, die Häuser und der Kirchturm klein wie Spielzeug.

Erste Etappe erreicht: Berg. Jetzt immer nah am Ufer entlang kraulen. Vorbei an kleinen Häuschen, verwitterten Bootsschuppen und an prächtigen Villen. Wer hier lebt oder Urlaub macht, der hat Geld - oder wohlhabende Freunde oder eine schöne Erbschaft gemacht. Oder alles zusammen. Ein Grundstück direkt am Ufer kaufen? Das sei kaum möglich, wird mir später ein junger Mann während eines Stopps auf einem in Ufernähe verankerten Floß erzählen. Falls überhaupt mal eine Immobile angeboten werden sollte, was selten vorkomme, dann hätten der Staat und die Gemeinde ein Vorkaufsrecht. Es ist also selbst für Millionäre mitunter ein Lottospiel.

Schwimmen, immer weiter schwimmen, weiter und weiter. Nicht jeder einzelne Zug macht Freude, aber alle Züge zusammen machen eben doch ganz viel Spaß. Meistens unterwegs und ganz besonders im Rückblick, am Abend beim Biertrinken. Ich treffe einen Angler, ein paar Stand-up-Paddler und ganz selten auch mal andere Schwimmer. Die Terrasse eines Gasthauses direkt am Seeufer. Ich rufe den Kellner und frage den verdutzt dreinguckenden Mann: Wie weit ist es noch bis nach Leonie? Von dem Örtchen aus will ich Angelika anrufen. Angelika Fanai-Nimmesgern. Sie lebt in Ammerland, südlich von Leonie. Und sie will mich knapp zwei Kilometer weit im See begleiten. Der Kellner fragt: Nach Leonie? Schwimmend? Das dauere noch gut eine halbe Stunde. Danke und tschüß. Leonie, kurze Vesperpause. Eine Semmel, eine Tafel Schokolade, eine Cola. Mail schreiben an die Angelika, dass ich den Zeitplan wohl einhalten werde, und weiter kraulen zum Treffpunkt - dem blauen Floß, geschätzt zwei Kilometer vor der Anlegestelle Ammerland.

Was ist das? Ein Kreuz in Ufernähe am Wasser. Dahinter ein Gotteshaus. Die Erklärung bekomme ich später geliefert - von der Mitschwimmerin. Das, sagt sie, ist die Votivkapelle. Und das große Kreuz im Wasser erinnere daran, dass König Ludwig II hier unter mysteriösen Umständen einst ums Leben kam. Na bitte: Wer auf Schwimmwanderschaft geht, der kann alle paar Armzüge was lernen.

Ankunft beim blauen Floß, auf dem aber nicht Angelika sitzt, sondern ein junger Mann. Wir plaudern ein bisschen. Über den See, über mein Schwimmprojekt und über das Schwimmen ganz allgemein, über Gott und die Welt. Dann winkt jemand vom Ufer: Angelika Fanai-Nimmesgern, Ex-Schauspielerin, Personal Trainerin, Triathletin. Nimmesgern, sie heißt wirklich so. Kein Künstlername.

Am Ufer stehend zwängt sie sich in ihren Neo, zieht Flossen an, schnallt sich eine Boje um und schwimmt herüber zum Floß. Ihr Lippenstift ist wasserfest. Das Lächeln makellos. Wir schwimmen gemütlich nebeneinander, wie ein älteres Ehepaar. Nach geschätzt einem Kilometer Pause im Wasser vor dem Schloss Ammerland. Zu dem grandiosen Blick - noch immer lacht die Sonne vom Himmel - serviert die Mitschwimmerin eine angeblich historisch verbürgte Anekdote. Anno dazumal habe der Graf Pocci in dem Schloss gewohnt, und seine Töchter seien nachts splitterfasernackt durch Ammerland geritten, sagt Angelika, lacht dazu ihr strahlendstes Lachen und setzt sich die Schwimmbrille wieder auf. Schon wieder was gelernt.

Die nächsten knapp 1000 Meter. Dann steigen wir bei der Wasserwacht Ammerland aus dem See, marschieren anschließend barfuß ein paar Minuten lang zurück. Pause bei einem Fischer, der in seinem Biergarten auch Kaffee und frischen Apfelkuchen serviert.

Angelika und ihr Mann, der renommierte Fotograf Stefan Nimmesgern, leben seit rund 20 Jahren am See. Damals wollten sie entweder nach Hamburg oder nach München ziehen - auf jeden Fall möglichst nah ans Wasser. Auf einer Spritztour einmal rund um den Starnberger See haben sie zufällig den Wegweiser Richtung Ammerland gesichtet und ein Sackgassenschild dazu. Sie sind spontan von der Hauptstraße abgebogen, haben schnell eine Wohnung gefunden, später das Haus, in dem sie jetzt leben, und viele Freunde.

Der Starnberger See ist sehr beliebt - und angeblich auch sehr gesund. Nirgendwo in Deutschland würden Männer so alt wie in der Stadt Starnberg am See, heißt es in einer Studie. Woran das wohl liegt? An der extrem niedrigen Arbeitslosigkeit? Am hohen Einkommen der Bürger? Oder an der Promidichte am Ufer?

Am Nachmittag sitzen wir also im Biergarten des Ammerländer Fischers, trinken Radler, essen Kuchen - und verabreden uns für den Abend in Seeshaupt. Ich muss wieder ins Wasser. Und die Angelika muss ihr Cabrio holen, das sie vorhin am Ufer beim blauen Floß geparkt hat.

Die paar Gehminuten zu Fuß schaden mir nicht - ganz im Gegenteil. Beim Laufen lassen sich die Muskeln ein bisschen dehnen. Bei der Wasserwacht findet meine Seen-Sucht ihre Fortsetzung. Noch mal geschätzt rund zehn Kilometer kraulen. Immer in Richtung Süden. Bald grüßt ein Fischer. Auf einem Steg ist zu lesen: Privateigentum, Betreten verboten. Ein paar Privatstege weiter halte ich trotzdem an, der Magen knurrt und im Gepäcksack warten noch eine Tafel Schokolade mit ganzen Nüssen und ein Energydrink aus Österreich. Ein Mann und eine Frau sitzen auf diesem Holzsteg und gewähren mir ein paar Minuten Asyl. Sie wollen alles ganz genau wissen. Woher ich komme. Wohin ich schwimme. Was das alles soll. Ich sag meinen Vers auf, mache ein Foto vom Abschnitt mit den letzten paar Kilometern. Jetzt noch mal quer über den See nach Seeshaupt.

Die Abschiedsetappe dieses tollen Junitags wird das absolute Highlight: Kraulen mit Blick aufs Alpenpanorama. Einer der Berge am Horizont müsste die Zugspitze sein. Spitze! Die Orientierung fällt leicht. Immer auf den Kirchturm von Seeshaupt zusteuern. 20 Uhr. Ankunft an der Anlegestelle. Angelika ist schon da. Wie verabredet. Eine Handvoll Schaulustige applaudieren - und wollen gar nicht glauben, dass der Mann, der aus dem Wasser steigt, an diesem Vormittag in Starnberg gestartet und grob geschätzt 25 Kilometer weit geschwommen ist.

Am Abend sitzen die Triathletin und ich bei ihrem Lieblingsitaliener am Ortsrand von Ammerland. Auf der Fahrt mit dem offenen Cabrio hat mir Angelika noch einen Geheimtipp verraten: Im kleinen Seehaus in St. Heinrich könne man bombastisch essen, schräg gegenüber vom Haus des Schauspielers Heiner Lauterbach. Ich komme ganz bestimmt mal wieder. Zum Speisen und zum Schwimmen.

Der Ammersee, ein Hammer-See

Ah, da kommen die Taucher. Sagt einer der wenigen Ausflügler, die an diesem trüben Sonntagnachmittag Anfang Juni am Südufer des Ammersees südwestlich von München spazieren gehen. Falsch. Keine Taucher. Wir sind Schwimmer. Mein Kumpel und Kollege Michael Schmidt, der in München lebt, hat mich in Pasing am Bahnhof abgeholt und direkt nach Aidenried am südlichen Seeufer kutschiert. Er wird nicht mitschwimmen, nur ein bisschen planschen und ein paar tolle Fotos machen.
Ich will den ganzen Ammersee schwimmen, rund 20 Kilometer weit. Spontan fiel der Entschluss: auf zwei Etappen. Der Sonntag hatte ungemütlich begonnen, grau und mit strömendem Regen. Doch dann lacht auf einmal die Sonne vom Himmel. Also los: hinein ins Vergnügen. Und geschätzt knapp sieben Kilometer kraulen - immer gen Norden, bis nach Herrsching. Wo ich am nächsten Tag die nördliche Seeetappe in Angriff nehmen werde.
Das Wasser im Ammersee ist grandios. Schon ziemlich warm, geschätzt 17 oder 18 Grad. Es schmeckt gut. Wasser ist zum ... - nein, nicht (nur) zum Waschen da. Wasser ist zum Schwimmen da. Speziell Seewasser.
Micha sagt: schwimm immer in Richtung des einen großen Baums am Ostufer. Dann nach rechts und du siehst schon Herrsching. Ab geht´s. Das Schwimmen nach der Anreise mit Zug und Auto tut gut.
Der See schimmert im Sonnenschein. Glitzert mitunter fast wie Gold. Kaum ein Mensch ist zu sehen. Nicht auf dem Wasser, schon gar nicht im Wasser und auch nicht am Ufer. Erst nach gut einer Stunde das erste sehr kurze Gespräch, mit einem Angler, der rücklings auf einem Minischlauchboot fläzt und seine Fischerroute in den See hält. Was er denn angele? Die Frage beantwortet er mit nur ei-

nem Wort: Barsche - und mit einer winkenden Bewegung. Er ist ganz offenkundig froh, als ich weiterkraule und ihn mit seinen Fischen allein lasse.

Vorbei an idyllischen Häuschen und imposanten Villen. Wer ein Grundstück am See kaufen wollte, der müsste viel Geld haben - und dazu noch eine Portion Glück. Die meisten Besitzer verkaufen nämlich nicht.

Ich schwimme immer am Ostufer. Oberhalb des Sees thront das Kloster Andechs. Nach dem Schwimmen werde ich Bekanntschaft machen mit diesem Kloster, nun ja, eher mit einem berühmten Erzeugnis des Klosters: Am Abend gibt es Andechser Bier - bis zum Abwinken.

Ankunft in Herrsching. Inklusive ein paar kleinerer Pausen zum Gucken und Staunen und Fotografieren nach knapp zwei Stunden Schwimmzeit. Das ist ganz passabel. Aber ich will mit dem Projekt SeenSucht ja eh keine Rekorde aufstellen. Sondern schwimmwandern. Ganz gemütlich. Zu Orten schwimmen, die andere Ausflügler - wenn überhaupt - allenfalls zu Fuß erreichen.

Im Alltag schwimme ich auch gerne mal einen Langstreckenwettbewerb. Aber komplett durchorganisierte Querungen von Seen oder anderen Gewässern mit Begleitboot und Observer? Nein, danke. Ich mach lieber mein eigenes Ding. Schwimm los mit meiner Boje. Wenn mich andere Schwimmer spontan begleiten möchten beim Projekt SeenSucht: gerne.

Beim Aussteigen aus dem See kommt ein Mann auf mich zu und fragt. Wie weit, wie schnell ich geschwommen bin, will er wissen. Und dann die eine Frage, die viele stellen: WARUM? Ganz einfach: weil es Spaß macht. Und weil ich Geld sammeln will für ein Behindertenschwimmprojekt meines SV Ludwigsburg - so wie im vorigen Jahr mit dem 300-Kilometer-Neckarschwimmen.

Nächster Tag, nächste Etappe im Ammersee. Petrus meint es gut mit mir. Blauer Himmel. Strahlender Sonnenschein. Wärme. Raus aus der S-Bahn und rein in den Neo. Bei solchen Bedingungen schwimmen sich die rund zwölf Kilometer fast von allein - immer in Richtung Norden und dann einmal quer über den See nach Schondorf. Die Orientierung fällt leicht. Immer in Ufernähe bleiben, Verschwimmen ist unmöglich. Wieder geht es vorbei an schnuckeligen kleinen und größeren Häusern - und oft im Slalom durch ein Meer von Segeljachten hindurch. Keine Frage: den Menschen am Ammersee geht es gut.

Ich hab mir vor dem Start auf der Karte angeguckt, wo ich in etwa zur Seequerung von Ost nach West ansetzen will: ein paar Schwimmminuten hinter Buch. Nach einer kurzen Pause mit Vesper aus dem wasserdichten Gepäcksack, den ich im Schlepptau hab: Buch. Passt. Auf einem Schild am Ufer steht „Wasserwacht Buch". Abbiegen und queren. Mitunter muss ich den großen Ausflugsbooten ausweichen. Einmal begegne ich einem Kajakfahrer. Einmal einem Stand-up-Paddler. Die winzig kleinen Gebäude am gegenüberliegenden Ufer kommen näher und näher, werden immer größer. Ich lande auf der Terrasse des Cafés Forster. Nach einem Gespräch mit einer Kollegin der Lokalzeitung gibt's erstmal Milchkaffee und Himbeerkuchen mit Sahne. Später Bier und Würstchen.

Und dann ist Claudia da. Claudia Bregulla, eine Meistertriathletin. Sie kommt mit dem Rad aus Augsburg, gut 50 Kilometer entfernt. Wir wollten eigentlich ein paar Kilometer zusammen schwimmen im Ammersee. Sie hat zu lange gearbeitet. Oder ich bin zu schnell oder zu wenig Strecke geschwommen. Egal. Wir sitzen im Cafe mit Seeblick. Claudia wohnt seit mehr als 25 Jahren am Ammersee und sagt, ihr See sei ganz toll, ursprünglich. Nicht so überlaufen. Ideal für Schwimmer. Stimmt. Der Ammersee ist ein Hammer-See.

Im Hagelschauer über den Plöner See

Na toll. Schneetreiben. Hagelschauer. Nachts Minustemperaturen. Und das Ende April. Der Tag war ganz anders geplant. Jedenfalls ohne Schneeschauer. Aber Frühlingswetter kann man sich halt nicht bestellen. Ich hatte mir alles so schön vorgestellt. Vielleicht zwölf oder 13 Grad Wassertemperatur und möglichst viel Sonnenschein für die Querung des Plöner Sees südlich von Kiel.

An diesem Frühlingstag hat das Seewasser aber gerade mal zehn Grad, leider, und die Luft um die Mittagszeit drei Grad. Es ist schweinekalt. Quasi ein Wintertag. Besserung ist nicht vorhergesagt, aber der Start abgesprochen.

Eigentlich will ich die größten Seen in Deutschland ja ganz allein queren, mit einem wasserdichten Gepäcksack im Schlepptau. Eventuell ab und zu mit dem einen oder anderen Mitschwimmer. Das schon. Gerne sogar würde ich Gleichgesinnte treffen, die sich auskennen. Schwimmen will ich indes ohne sonstige Begleitung. Eigentlich. Doch die Lokalzeitung aus Eutin hat die Sache mitbekommen, will berichten und hat gleich die örtliche DLRG angeheuert. Und Sven Sacknieß rät ab. „Schwimm lieber nur ein kurzes Stück", sagt der erfahrene Lebensretter, der direkt am Ufer eine Gaststätte mit Hotel betreibt. Der Mann, der gleich den Seeadler, das DLRG-Motorboot, lenken wird, weiß: Der etwa acht Kilometer lange See „ist tückisch". Und überhaupt. Auf so eine Schnapsidee sei bis dato noch keiner gekommen. Den Plöner See bei Schneetreiben durchschwimmen? Sven schüttelt den Kopf. Doch wir einigen uns. Ich schwimme zunächst von Bosau am Ostufer nach Nordwesten - quer über den See zur Prinzeninsel. Geschätzt zwei Kilometer. „Und dann weiter nach Plön", sage ich. Sven willigt zwar ein, bleibt aber doch skeptisch. Der Himmel ist grau. Die Begleitcrew steckt in dicken

Jacken. Ich habe mich für die volle Neoprenmontur entschieden. Auch wenn ich ein paar von meinen Eisschwimm-Freunden schon lästern höre. „Du bist doch den ganzen Winter über nur mit Badehose geschwommen." Stimmt, machmal sogar bei lediglich drei Grad Wassertemperatur - aber maximal einen Kilometer weit. Meistens kürzere Strecken. Hinüber bis zur Prinzeninsel und weiter bis nach Plön sind aber rund 4,5 Kilometer, wenn ich ohne Umwege voran komme. Also im Neo.

Und los geht's. Das Wasser ist kalt, aber nicht zu kalt. Nach ein paar kräftigen Kraulzügen geht vorerst nichts mehr. Der See ist nur noch ein paar Zentimeter tief. Also ein bisschen waten. Dann weiterschwimmen. Gelegentlich ein Blick gen Himmel. Kommt sie vielleicht doch kurz mal hinter den Wolken hervor, die Sonne? Aber nein. Dieses Schwimmen ist und bleibt grau.

Getränke mitnehmen, das ist nicht nötig. Das Seewasser schmeckt super. Trinkwasserqualität, hat Seven vorhin gesagt. Und nicht zu viel versprochen. Ich komme ganz gut voran, gucke immer wieder nach vorne zur Prinzeninsel und zur Seite, ob der Seeadler noch in der Nähe ist. Alles gut. Bald kommt das Plöner Schloss in den Blick. Eine gute Orientierungshilfe. Erst zur Insel, dann immer in Richtung Schloss. Das prunkvolle weiße Gebäude kann man gar nicht übersehen.

Später, bei einem warmen Kaffee, werden Sven und der Herr Lokalreporter, der seit gut 30 Jahren in der Region arbeitet, erzählen, dass das Schloss im Sommer bei vielen Badegästen beliebt ist, weil es auch ihnen während des Schwimmens Orientierung gibt. Vom Bosauer Sandstrand, der auf einer Art Halbinsel liegt, müsse man ein gutes Stück hinaus in den See schwimmen, erst dann kann man das Schloss sehen. Diese Strecke hin und dann wieder zurück sei sein persönliches kleines Seeschwimmen, sagt Sven und lacht.

Wir sind mittlerweile an der Prinzeninsel vorbei. Der Wind sorgt für Wellengang. Das Boot schaukelt und der Schwimmer auch. Eben haben wir eine berüchtigte Stelle im See gequert. Im Zweiten Weltkrieg wurden im Plöner See Torpedos getestet. Angeblich liegen Teile der Waffen nach wie vor im bis zu 60 Meter tiefen Gewässer. Das jedenfalls erzählt man sich am See.

Nicht gerade mit Torpedogeschwindigkeit, wohl aber einigermaßen flott komme ich voran. Mit geschätzt knapp vier Kilometern pro Stunde. Dann wird's richtig ungemütlich. Einmal verschlucke ich mich ordentlich an einer Welle und bekomme kurze Zeit keine Luft. Die Fingerspitzen sind taub, die Füße wie Eisklötze. Das Schloss wird aber immer größer, sprich: die noch zu schwimmende Strecke kürzer. Sven ruft: „Immer in Richtung Kirchturm."

Nach knapp eineinhalb Stunden sind knapp fünf Kilometer geschafft. Nichts wie raus aus dem kalten See. Und rein in die warme Bootskajüte. Eine DLRG-Helferin reicht warmen Tee. Und ich bin echt froh, dass sich die unerwarteten Begleiter angeboten haben für diesen ungemütlichen Schwimmtag.

Später in Svens Haus Schwanensee schwärmen der Hausherr und der Reporter vom Plöner See. Vom tollen Angelrevier. Von super Schwimmstrecken mit nur ganz wenigen Motorbooten. Und vom Sommer, wenn das Seewasser 20 bis 22 Grad hat. Ich komme wieder.

Training mit Tanja in Torbole

Dunkelblau schillert der Gardasee in Torbole. Die Sonne lacht vom Himmel, die meisten Menschen tragen nur dünne Kleidung und ein Lächeln im Gesicht. Das Wasser indes hat Mitte Mai erst knapp 13 Grad. Auf dem See tanzen ein paar Segelboote, Surfer stemmen sich gegen die Brise. Schwimmer sind nicht zu sehen. Aber wir wollen trainieren, ohne Neo, nur mit nackter Haut, mit Badeanzug beziehungsweise Badehose, mit Kappe und Schwimmbrille. Zum Schwimmen sind wir schließlich angereist.

Tanja sagt, wo es langgeht. Tanja Engels, Jahrgang 1960. Ende der 1970er war sie Mitglied der deutschen Nationalmannschaft. Damals hieß sie noch Tanja Zewko - und wäre eigentlich 1980 bei Olympia in Moskau gestartet. Aber die westlichen Staaten haben die Spiele wegen des Einmarsches sowjetischer Truppen in Afghanistan boykottiert. Die Ärztin aus Schwaben hat nie aufgehört mit dem Training. Sie gewinnt regelmäßig bei Masters-Welt- und Europameisterschaften Medaillen. Am Balkon ihres Hauses in Torbole hängt ein großes Transparent der World Masters Games 2017 in Auckland, Neuseeland.

An diesem Nachmittag pustet der Wind ein paar fiese kleine Wellen auf den Gardasee. Wir bleiben deshalb ganz nah am Ufer, schwimmen vom Segelclub zum kleinen Hafen und wieder zurück, nochmal zum Hafen und wieder zum Clubhaus. Wer bei solchen Temperaturen krault, der hat nach gut einer halben Stunde vorerst genug. Nach der ersten frostigen Einheit im See serviert die Tanja ihren Mitschwimmern jede Menge Tipps.

Es gibt in Deutschland nicht viele Sportler, die mehr Kilometer im Freiwasser geschwommen sind als diese Ausnahmeathletin, die seit gut drei Jahren nur noch am

Gardasee wohnt. Tanja hat ihre Arztpraxis in Bietigheim bei Stuttgart für immer zugesperrt, sich von Deutschland verabschiedet. Mit ihrem italienischen Freund lebt sie in dem Haus, das ihre Eltern einst gekauft haben. Lange her. Früher war Torbole ihr Zufluchtsort für Urlaube. Heute ist das Städtchen am Nordufer des Sees ihre Wahlheimat. Die Sportärztin praktiziert nicht mehr, sie will künftig Sportcamps anbieten - für geübte Schwimmer und für Anfänger, für Triathleten, für jeden, der mag. Nach der Schwimmpraxis gibt es Theorie. Auf Wunsch können sich die Sportler in einem ihrer Appartements einmieten, Seeblick inklusive.

Nächster Tag, nächstes Training mit Tanja. Es ist nahezu windstill. Die Wasseroberfläche ist fast spiegelglatt. An diesem Vormittag schwimmen wir weiter, zunächst immer nach Süden. Wir kraulen dicht nebeneinander her, die Tanja und ich. Wir schwimmen im Gleichzug, wie ein Uhrwerk. Ein Zug rechts, einer links, einer rechts, einer links … Irgendwann stoppen wir, schwimmen zum felsigen Ufer, holen die wasserdichte Kamera aus dem Transportbeutel und machen ein paar Fotos. Erinnerungsschnappschüsse für die Ewigkeit. So eine Schwimmeinheit vergisst man zwar sowieso nicht, trotzdem müssen ein paar Aufnahmen geschossen werden.

Tanja will die Teilnehmer ihrer Schwimmcamps beim Kraulen filmen und ihnen später beim Anschauen der Videos erklären, wie man das macht: schöner schwimmen, schneller schwimmen. Frau Dr. Engels will nur Kleingruppen mit maximal vier Teilnehmern betreuen. Einen Tag lang, womöglich auch mal zwei Tage. Gerne auch Einzelunterricht geben. Finanziell angewiesen ist die Medizinerin und Gastgeberin ganz offenkundig nicht darauf, dass das Geschäft schnell brummt. Tanja Engels macht ihre Passion zum Nebenberuf.

Und wer nur schwimmen will - ohne die Tanja, auch kein Problem. Halbwegs routinierte Schwimmer können im

Gardasee auch ohne Betreuer voll auf ihre Kosten kommen. Sie sollten halt mit einer knallbunten Boje kraulen, damit sie gesehen werden von den Seglern. Sie könnten auch bei einer Surfschule einen Begleiter anheuern, der im Kajak während des Trainings dabei ist. Und wem 13 Grad zu kalt ist, der kann ja im Neo schwimmen - oder im Sommer kommen. Im August hat das Wasser des Gardasees nämlich bis zu 23 Grad.

Meerwert

Sylter Küstenschwimmen

Die Nordsee ist kooperativ. Wie eine gute alte Komplizin, die gerne mitspielt. Dabei weiß doch fast jedes Kind: Sie kann auch ganz anders. Wild sein, tosend, unberechenbar. Aber nicht an diesem strahlend schönen Sommertag im August. Schon früh am Morgen lacht die Sonne vom Himmel, die Wellen sind klein, der Wind bläst ganz leicht aus Südwest. Beste Bedingungen also für das kühne Vorhaben: Ich will von Hörnum im Sylter Süden immer nach Norden bis nach List kraulen, mit einem wasserdichten Sack im Gepäck, der das Handy, Geld und ein bisschen Verpflegung transportiert.

7.30 Uhr. Start am Weststrand Hörnum. Kaum ein Mensch ist auf den Beinen. Der Neoprenanzug sitzt hauteng, das Wasser ist angenehm warm. Alles super. Eintauchen und ab geht's. Im Nu ist der erste Kilometer heruntergespult. Der Hörnumer Campingplatz taucht auf - und sieht ein paar Minuten später beim Blick zurück auch schon wieder winzig klein aus, wie Spielzeug.

Die Brise schiebt ein bisschen von hinten. Viel schneller als erwartet, nach ziemlich genau eineinhalb Stunden, taucht die Sansibar auf. Eigentlich war der erste Stopp mit einem Besuch dieser In-Kneipe südlich von Rantum fest eingeplant. Noch indes rebelliert der Magen nicht. Also weiterkraulen, mit langen, ruhigen Zügen. Rechts, links, rechts, links.

9 Uhr, Samoa, Seepferdchen. Kurze Pause am Strand. Ein bisschen Apfelsaftschorle trinken, ein Schinkenbrot und eine halbe Tafel Schokolade futtern, dann der Neustart. Ab nach Westerland, mein Minimalziel an diesem

tollen Tag. Am Rantumer Hauptstrand applaudieren zwei Frauen und ein Mann. Jemand ruft: „Den Rest schaffst du auch noch." Er hat vermutlich in der Sylter Rundschau von meinem Plan gelesen, dem Schwimmen von Hörnum nach List. Die Kollegen hatten mich interviewt.

Lange vor der Ankunft in Westerland taucht am Horizont die Silhouette der Stadt auf, das riesige Appartementhaus am Wasser ist auch aus ein paar Kilometern Entfernung nicht zu übersehen. Ein Zwicken in der Wade, der erste kleine Muskelkrampf. Na prima. Nach ein paar Dehnübungen in der Rückenlage ist das Problem behoben.

12.15 Uhr, Ankunft Westerland. Geschätzt 17 von zirka 30 Kilometern sind geschafft. Am Strand wartet bereits ein nicht bestelltes Empfangskomitee. Ein Familienvater stürzt sich auf den Neuankömmling aus dem Meer und gratuliert überschwänglich. „Wir haben Sie vom Strand aus verfolgt, ganz toll. Meine Kinder wollen das auch mal machen." Kleiner Tipp: Sie sollten vorher trainieren.

Mittagspause auf der Hauptpromenade – mit Pommes, Würstchen, Cola und ein paar Gesprächen mit Passanten, die wissen wollen: „Warum machen Sie das?" Ich bin auf Sylt zur Schule gegangen, schwimme viel und hatte schon immer diese fixe Idee im Kopf.

Die Arme sind schon schwer, aber es hilft ja nichts: wieder rein ins Meer und weiterkraulen. Immer nach Norden.

14 Uhr, Wenningstedt. Unterwegs mache ich Bekanntschaft mit Quallen, aber nur mit blauen, die haben keine Tentakel und brennen nicht. Kurz vor Kampen treffe ich einen Gleichgesinnten, er kommt von Norden, trägt auch Neopren und Schwimmbrille. Ein kurzer Plausch. Nein, er schwimme nicht so weit wie ich, nur ein paar Kilometer.

15.30 Uhr, Kampen. Die Muskeln in den Oberarmen brennen, aber Aufhören ist keine Option. Alle Ausdauersportler erreichen früher oder später diesen Zustand, den Experten als „Flow" bezeichnen. Wenn es für einen Schwimmer nichts Wichtigeres gibt als das Einswerden mit dem Wasser. Wenn sich der Rausch einstellt, ein toller Rausch, denn es gibt keinen Kater, außer später einen ordentlichen Muskelkater.

Immer wieder winken mir Menschen vom Strand aus zu. Gelegentlich sprechen mich Badende im Wasser an. Mitunter frage ich: „Wo sind wir denn hier?" Gegen 16.30 Uhr antwortet ein Mann: „Hier ist das Jugendseeheim Kassel bei List." List - das Zauberwort an diesem Nachmittag. Angekommen, nach geschätzt knapp 30 Kilometern im Meer. Nicht ganz oben im Norden, aber auf Lister Markung. Ende der Mission. Ich hab, ehrlich gesagt, die Schnauze voll. Speziell vom Salzwasser in eben dieser.

Hooge ahoi

Die Nordsee ist gnädig. Jedenfalls gnädiger als vor ein paar Wochen. Damals hat uns das Meer beim Schwimmen hin- und hergeworfen, hin und her, hin und wieder her. Wir wären ja vielleicht geschwommen, aber alle Skipper, die uns mit ihrem Boot hätten begleiten können, haben abgewunken.

An diesem sonnigen Spätsommertag im August mit Windstärke vier ist das Meer zwar auch ordentlich in Wallung. Es schüttelt uns permanent durch. Aber bei diesen Bedingungen ist die Nordsee gut schwimmbar.

Dierk und ich wollen uns einen Kindheitstraum erfüllen: einmal von Pellworm hinüber zur Nachbarhallig Hooge kraulen. Dierk Jensen ist auf Pellworm aufgewachsen, er ist einer der Organisatoren des Inseltriathlons Trifun auf Pellworm, ein guter Sportler. Ich bin auch ein Nordseekind, einst in Hörnum auf Sylt zur Schule gegangen. Lange her, in den Siebzigern. Auch ich kann ganz gut im Freiwasser schwimmen, und auch ich habe einen ähnlichen Kindheitstraum: kraulen von Föhr nach Sylt.

Die Sonne lacht vom Himmel. Von Pellworm aus ist nicht nur Hooge gut zu erkennen, sondern auch die weiter entfernten Inseln, etwa Föhr und Amrum, sind zu sehen. Wir haben ein Begleitboot, am Steuer sitzt Hermann Ohrt.

Dierk und ich tragen Neoprenanzüge, nicht, weil das Wasser kalt wäre, die See hat geschätzt 19 Grad. Mit Plastikpelle fühlt sich der Schwimmer sicherer, kann im Notfall nicht untergehen. Zudem haben wir jeder eine Schwimmboje im Schlepptau. Auch zur Sicherheit.

Anno dazumal, im Schulunterricht auf Sylt, wurde uns Kindern eingebläut: Schwimmt nicht so weit raus! Die Strömungen sind tückisch! Geht nur ins Meer, wenn Rettungsschwimmer aufpassen. Diesen Rat der Lehrer haben wir damals schon nicht immer befolgt. Trotzdem hat sich etwas eingenistet im Hinterstübchen: Das Meer ist mitunter gefährlich. Ich hab` jedenfalls ordentlich Respekt vor der Nordsee, bin zwar schon super weit geschwommen, zum Beispiel an der Sylter Westküste rund 30 Kilometer an einem Tag. Weit raus bin ich aber noch nie geschwommen.

Von Pellworm nach Hooge sei erst einmal ein Mann gekrault. Das erzählen die alten Insulaner. Der Mann sei Kampfschwimmer gewesen, habe die Strecke während des Zweiten Weltkriegs bei einem Heimaturlaub bezwungen. Ein paar weitere Schwimmversuche seien gescheitert. So geht die Legende.

Start vor Pellworm. Das Salzwasser ist super angenehm, es schmeckt gut, trägt den Schwimmer, schimmert in der tief stehenden Sonne. Im Geschaukel kommen wir gut voran, schwimmen oft ganz nah nebeneinander her. Das Begleitboot ist selten weiter als ein paar Meter entfernt.

Wir wollen uns zunächst an einer gelbfarbenen Boje mitten im Meer orientieren und dann an der großen Ockenswarft im Süden von Hooge. Der Plan misslingt, jedenfalls die Hälfte des Plans. Die Boje sehen wir nie wieder. Später wird unser Skipper erklären, wir seien viel zu weit rechts an der Boje vorbeigekrault. Egal. Die große Warft ist im Visier, jedenfalls immer beim Schwimmen auf einer der ungezählten Wellen und beim Blick nach vorne, beim Wasserballkraul.

Wir halten gelegentlich kurz an. Und strahlen vor Freude. Wir können an diesem grandiosen Nachmittag tatsächlich schwimmen! Was in diesem Sommer nicht selbstverständlich ist. Es gab bis dato nur wenige Tage mit wenig Wind. Dierk lebt und arbeitet in Hamburg, und ich weit im Süden der Republik. Wir hatten uns zunächst Anfang Juli auf Pellworm getroffen, waren nicht geschwommen. Aber dieser Tag im August, der wird zum Volltreffer.

Wir schwimmen! Grandios! Beim Blick nach hinten wird Pellworm immer kleiner, beim Blick nach vorne Hooge dafür immer größer. Nicht alle sind so begeistert wie wir. Unsere Mütter zum Beispiel nicht. Muss das denn sein? In eurem Alter? Solche und ähnliche Fragen haben die Damen uns gestellt. Ja, es muss sein - Kindheitsträume halt. Wir kommen flott voran, schneller als erwartet. Haben nach gut 40 Minuten schon etwa die Hälfte der Strecke geschafft. Die Flut drückt uns in Richtung Festland, das haben wir bewusst so geplant. Bei Ebbe würden wir nämlich hinausgezogen auf das offene Meer. Viele Nordlichter hatten uns gewarnt und mit grimmigen Gesichtern sinngemäß erklärt: Zu gefährlich, die starken Strömungen ziehen euch weg, wenn es dumm läuft, dann kommt ihr nie an. Dann wären wir halt ins Boot gestiegen. Aber welcher Schwimmer steigt schon freiwillig in ein Boot?

Das Kraulen gegen die Strömung kostet Kraft, klar. Aber nach all den Warnungen der vielen Bedenkenträger hatte ich gedacht, der Schwimmausflug nach Hooge würde anspruchsvoller. Die geschätzt rund 4,5 Kilometer sind ein gemütlicher Schwimm-Spaziergang, jedenfalls für einigermaßen trainierte Sportler. Zur Nachahmung empfohlen, mit Begleitboot und bei gutem Wetter.

Ein letzter Stopp. Schnell noch ein paar Fotos schießen mit der wasserfesten Kamera. Unser Skipper deutet ein letztes Mal die Richtung an, die wir einschlagen sollen. Ein kurzer Endspurt. Geschafft. Ankunft am Ufer. Eine Hooge-Urlauberin fragt zunächst ungläubig, wo wir denn, bitte schön, herkämen. Dann beglückwünscht sie die zwei Inselschwimmer. Meine Arme fühlen sich richtig gut an. Ich bin eigentlich erst eingeschwommen, könnte locker gleich weiter kraulen bis zur Nachbarinsel Langeneß. Das geht aber leider nicht, jedenfalls nicht an diesem Tag. Und wohl auch nicht mehr in diesem Sommer. Wir haben kein Begleitboot nach Langeneß, die Ebbe setzt eh gleich ein und es wird demnächst dunkel.

Mein Kindheitstraum bleibt vorerst mein Kindheitstraum: schwimmen von Föhr bis nach Hörnum auf Sylt. Schwimmen von Föhr nach Sylt? Unmöglich, sagen viele Insulaner. Das werden wir ja sehen - im nächsten Sommer.

Von Föhr nach Sylt gekrault

Wer an der Nordsee aufgewachsen ist, der hat Salzwasser im Blut. Wir Schüler in Hörnum haben früher manchmal darüber geredet, wie das wohl wäre, wenn wir von einer Insel zu nächsten schwimmen könnten. Von unserem Klassenzimmer aus hatten wir ja freien Blick in Richtung Amrum und Föhr. Länger her. Der Gedanke war aber im Kopf, seit Jahrzehnten.

An diesen tollem Tag Anfang Juni soll es soweit sein. Endlich. Ich will zusammen mit meinem Sportsfreund Mario Mäder aus Westerland zunächst mit einem Kanu hinüberpaddeln nach Föhr. Dann werde ich von Bord gehen und zurückschwimmen nach Hörnum. Auch wenn fast alle auf Sylt, denen ich von diesem kühnen Plan erzähle, sinngemäß oder wörtlich das sagen: Du spinnst. Viel zu gefährlich. Das hat noch keiner geschafft. Ähnliche Mahnungen unserer Lehrer anno dazumal sind mir noch im Ohr. Alte Hörnumer erzählen, dass sie von zwei Versuchen gehört hätten. Beide Schwimmer seien aber ertrunken beim Kraulen hinüber zu einer der Nachbarinseln.

Solche Gedanken schießen mir durch den Kopf, als ich gegen 9 Uhr auf einer Sandbank vor Föhr von Bord gehe, die Schwimmkappe und die Schwimmbrille aufsetze und loskraule. Erst in gut zweieinhalb Stunden ist Ebbe, ganz bis nach Föhr sind wir mit dem Kanu trotzdem leider nicht gekommen. Ich könnte wegen des lediglich knöcheltiefen Wassers auch gar nicht schwimmen unmittelbar vor Föhr. Aus Luftlinie zirka acht Kilometern werden deshalb nur etwa fünf Schwimmkilometer von der Sandbank bis zum Hörnumer Oststrand unter dem rot-weißen Leuchtturm.

Fünf Kilometer mitten durch eine ordentliche Strömung, die in Richtung offenes Meer zieht. Spötter haben gesagt, ich käme womöglich in Helgoland an oder in England, aber nicht lebendig. Wir werden ja sehen. Falls die Strömung zu stark sein sollte, dann steige ich halt wieder zu Mario ins Kanu. Aber welcher Schwimmer steigt schon gerne in ein Boot, wenn es nicht unbedingt sein muss?

Und für den Fall der Fälle haben wir die Telefonnummer der Surfschule Südkap Surfing in unseren Mobiltelefonen abgespeichert. Südkap stellt uns das Kanu für die Tour zur Verfügung. Und Robert Klawon, der den Laden in Hörnum leitet, hat versprochen, er werde uns mit einem schnellen Motorboot einsammeln, falls nötig. Es kann also eigentlich gar nichts schief gehen.

Zunächst ist das Wasser noch seicht. Die ersten paar hundert Meter schwimmen sich fast von allein. Das Meer ist etwa 17 Grad warm. Ich trage einen Neoprenanzug, in erster Linie aus Sicherheitsgründen, in der Kunststoffpelle kann man kaum untergehen. Und ich habe auch noch die leuchtfarbene Schwimmboje im Schlepptau. Es kann nichts passieren. Das hab ich meiner Mutter versprochen.

Der erste halbe Kilometer: nach etwa sieben Minuten geschafft, sagt die GPS-Sportuhr. Sehr schön. Sylt wird ganz langsam immer größer, Föhr kleiner. Unterwegs treffen wir Seehunde, ein Tier kommt ganz nah. Wir gucken uns aus geschätzt 15 Metern Entfernung in die Augen, der Seehund und ich. Später, mitten in der Strömung, werde ich für 500 Meter eine Viertelstunde und mehr benötigen. Wir peilen zunächst die großen weißen Dünen nördlich des Hörnumer Hotels Budersand an. Die sind selbst von der Sandbank aus schon gut zu erkennen. Mario versucht den Kurs zu halten, ich kraule immer möglichst ganz nah links neben dem Boot, damit ich das Kanu beim Rechtsatmen sehen kann.

Wir kommen ordentlich voran. Dann wird die fiese Ebbe-Strömung stärker und stärker. Eigentlich hatten wir berechnet, dass wir auf der Hälfte der Strecke in die Flut geraten. Beim Wechsel von Ebbe zu Flut sollte das Wasser geschätzt eine halbe Stunde lang fast still stehen. Aber wir sind zu schnell. Oder die Strecke ist zu kurz, wegen der Sandbänke vor Föhr. Jedenfalls schwimme ich ständig gegen die Ebbe an. Das geht in die Arme, geht aber.

Nach etwa einer Stunde erreichen wir die große grüne Boje HÖ1. Was für ein cooles Fotomotiv, aber leider ziemlich weit im Süden. Beim Weiterschwimmen aufpassen: bloß nicht noch weiter nach Süden geraten, in die Unterströmung in der Verlängerung der Hörnumer Odde. Das wäre in der Tat gefährlich.

Ein Adler-Ausflugsschiff kommt vorbei an HÖ1, dann ein Segler. Vor dem Hörnumer Leuchtturm tanzen die Windsurfer auf dem Wasser. Da müssen wir jetzt hin. Zurück zur Surfschule. Der letzte Kilometer wird der langsamste, immer voll gegen die Strömung. Ankunft am Ziel. Wie cool war das denn? Grandios. Die Uhr sagt: etwa 4,5 Kilometer, gut eineinhalb Stunden.

Künftig können die Hörnumer erzählen, dass nicht alle

Schwimmer, die versucht haben von einer Insel zur nächsten zu kraulen, ertrunken sind. Wie schön. Ich bin geschwommen, von Föhr nach Hörnum. Ein Kindheitstraum ist in Erfüllung gegangen, nach mehr als 40 Jahren.

Mitten im Mittelmeer

Das Wasser: azurblau und im November noch knapp 24 Grad warm. Die Küsten von Malta und den Nachbarinseln Gozo und Comino im Mittelmmer sind grandiose Reviere für Freiwasserschwimmer.
Ein strahlend schöner Tag im November. Die Sonne lacht über dem Meer. Es weht nur ein laues Lüftchen, die Wellen sind klein. Man könnte ohne Probleme hinüberkraulen, von Malta nach Comino und dann weiter bis nach Gozo. Es wären geschätzt knapp fünf Kilometer. Aber Isabelle Zarb rät ab. Verboten. „Sie ziehen dich aus dem Meer", sagt die routinierte Freiwasserschwimmerin, die auf Malta geboren und aufgewachsen ist. Isabelle muss es wissen, sie arbeitet bei der Aquatic Sports Association Malta - und sie schwimmt, sommers wie winters, im Meer vor Malta beziehungsweise den beiden kleineren Nachbarinseln, die zur Republik Malta gehören. Also nicht schwimmen, jedenfalls nicht sofort. Schade eigentlich, aber wer will schon rausgezogen werden - von wem auch immer. Von der Polizei? Diese Frage bleibt offen.
Das kleine Ausflugsboot befördert geschätzt drei Dutzend Touristen von Marfa im Norden Maltas hinüber zur Blauen Lagune auf Comino. Das Wasser der Lagune ist seicht, azurblau, einfach grandios - speziell für einen Freiwasserschwimmer, der im Sommer durch zig deutsche Seen und einige Flüsse gekrault ist, in zwar einigermaßen sauberem, aber fast immer trübem Wasser. Comino bietet das absolute Kontrastprogramm.
Bei jedem Zug kommen einem bunte Fische ins Visier.

Ein Schwarm winzig kleiner blauer Fische, etwas größere rötlich gefärbte, dann große, silberfarben schimmernde Exemplare. Später Seeigel und Seesterne. Die Blaue Lagune ist nicht tief. An den Einstiegsstellen können selbst Kinder stehen und durch ihre Masken die Unterwasserwelt bestaunen.

Im Laufe des Vormittags füllt sich die Lagune, immer neue Boote bringen immer neue Menschen. Das ist aber kein Problem, das Eiland ist zwar klein, aber groß genug, um mit ein paar kräftigen Armzügen dem Trubel flugs zu entkommen. Man kann entweder um das winzige, unbewohnte Inselchen Cominotto herumschwimmen - oder um ganz Comino. Die Comino-Runde ist etwa acht Kilometer lang. Man sollte möglichst mit einer Rettungsboje und nicht unbedingt ganz allein schwimmen - für den Fall der Fälle. Denn aussteigen ist nur an wenigen Küstenabschnitten möglich, zum Beispiel an der Nordküste beim einzigen Hotel. Comino hat viele steile Klippen - wie Malta und Gozo übrigens auch.

Isabelle sagt, Malta sei ein geradezu ideales Revier für Freiwasserschwimmer. Sie selbst schwimme immer ohne Neoprenanzug. Das Wasser sei selbst im tiefsten Winter selten kälter als 16 Grad. Deshalb kämen im Januar und Februar Männer und Frauen zum Trainieren nach Malta, die sich auf die Querung des Ärmelkanals zwischen Frankreich und England vorbereiten. Im Sommer hat das Wasser zwischen Calais und Dover ebenfalls etwa 16 Grad.

Malta, Comino und Gozo haben zig Buchten und natürliche Häfen. Wer trainieren will, der kann sich - je nach Windrichtung - einen geschützten Platz suchen. Und weil alle drei Inseln klein sind, ist es jederzeit möglich, im Nu an einen gewünschten Küstenabschnitt zu gelangen, außer zur Rushhour auf Malta, dann nämlich ertrinken die schmalen Straßen im Verkehr.

Nächster Tag, nächstes Schwimmrevier. Der Wind bläst

von Westen. Also einen Küstenabschnitt auf der Ostseite Maltas aussuchen: Die Wahl fällt auf das Mellieah Bay. Kaum Wellen, kaum Bootsverkehr. Passt. Zunächst hinüberkraulen zum anderen Ufer und dann immer ganz nah am Strand entlang zurück.

Wer das Urlaubsziel hauptsächlich wegen des Schwimmens aussucht, der sollte sich überlegen, sein Quartier auf Gozo zu beziehen. Und wer einen Gewaltakt in Erwägung zieht, der könnte einmal um Gozo herumschwimmen. Haben ein paar Einheimische schon mal gemacht. Isabelle schätzt, so eine Umrundung dürfte etwa 36 Kilometer lang sein. Man könnte auch zwei Etappen anpeilen - zum Beispiel von Xlendi im Südwesten bis nach Marsalforn im Norden und dann am nächsten Tag die zweite Hälfte.

Das kleine Örtchen Xlendi hat einen relativ großen Naturhafen, der speziell als Zone für Schwimmer ausgewiesen ist. Schwimmer haben also Vorfahrt. Und Boote fahren, jedenfalls im November, ohnehin nur ganz wenige. Im Xlendi Bay ist Schwimmen selbst bei starkem Wind sehr gut möglich, denn die Felsen halten die Wellen zurück. Wer die Bucht verlässt, ist schnell im offenen, tiefen Meer. Beim Kraulen am Steilufer entlang ist der Meeresgrund nicht mal zu erahnen. Das ist vermutlich nicht jedermanns Sache, aber auch toll.

Plymouth und die wilden Schwimmer

Sie treffen sich regelmäßig, immer donnerstagabends und samstagvormittags, zum Schwimmen bei Wind, Wetter und Wellen im Meer. Im Winter, im Sommer, immer. Willkommen bei Devon Wild Swimming in der südenglischen Hafenstadt Plymouth.

Ein grandioser Tag. Die Sonne lacht vom Himmel, das Meer ist nahezu spiegelglatt. Wellen: gibt's heute keine. Dieser tolle Tag in Südwestengland fühlt sich an wie August. Es ist aber erst April. Wenig später, beim ersten Kontakt mit dem Salzwasser, wird indes schnell klar: Es ist ganz bestimmt noch nicht Sommer. Das Meer hat knapp zehn Grad, und die aller meisten dieser wilden britischen Schwimmer tragen keinen Neoprenanzug. Manche werden länger als eine Stunde im Meer bleiben und danach im Café The Terrace zitternd ihren Kaffee oder Tee trinken, dabei werden sie über das ganze Gesicht strahlen.

Ein Samstagvormittag am Meer. Unterhalb vom Plymouth Hoe, der Promenade mit dem rot-weißen Leuchtturm, treffen sich geschätzt zwei Dutzend Mitglieder der Gruppe Devon Wild Swimming. Man muss gar nicht nachzählen, um sofort zu erkennen: es sind viel mehr Frauen als Männer da. Warum nur? Eine der Damen grinst breit und sagt dann: "Men are wimpy." Die Männer haben Schiss.

Max, der eigentlich Paul heißt, hat keine Angst. Der stämmige Brite, der schon vor dem Kaffeetrinken immerzu lächelt, erzählt, dass er erst vor zwei Jahren angefangen habe mit dem Schwimmen. Der Mann, geschätzt Anfang 50, berichtet von einem Trauma: Als Elfjähriger sei er fast ertrunken. Seither habe er Schiss gehabt vor jedwedem Wasser. Ein Freund habe ihn überredet, mitzukommen zum Schwimmen im Meer. Er ließ sich hinreißen - und hat seinen ersten Schritt ins Meer nie bereut.

Er habe im Vorjahr sogar am Breakwater-Swim teilgenommen, hat gut zwei Meilen zurückgelegt vom künstlichen Wellenbrecher draußen vor dem Hafen bis zum Hoe. „Ich bin als Letzter aus dem Meer gestiegen, ich kann doch nur Brust schwimmen." Unterwegs habe er mehrmals angehalten, die Männer auf den Begleitbooten hätten von ihm wissen wollen, ob er aufgebe. Was für eine absurde Frage. Keinesfalls. „Ich musste nur pinkeln", sagt Max, zieht sich die Badekappe über und läuft in Richtung Meer.

Männer wie dieser Paul-Max sind ganz selbstverständlich Devon-Wild-Schwimmer, genauso wie Wettkampfschwim-

mer, Kanalschwimmer, Eisschwimmer und die „Bobbers",
sagt Pauline Barker. Bobbers sind Leute, die sich nur ins
Wasser begeben, um zu quatschen, die dabei kaum vor-
wärtskommen, auf der Stelle stehen und im Wasser tre-
ten. Was sich bei Wassertemperaturen wie an diesem
Tag Anfang April ganz besonders unangenehm anfühlen
dürfte. Nur wer schneller schwimmt, erwärmt seinen Körper wenigstens von innen ein klein bisschen. Die Bobbers
bleiben cool.

Pauline Barker hat die Facebookgruppe Devon and Cornwall Wildswimming vor ein paar Jahren ins Leben gerufen.
Am Anfang, sagt sie, „waren wir fünf Schwimmer". Mittlerweile verabreden sich mehrere Tausend Frauen und Männer auf Facebook zum Schwimmen in allen möglichen und
unmöglichen südwestenglischen Gewässern. Sie schwimmen in Seen, in Flüssen und im Ozean. „Wir heißen jeden
willkommen", sagt Pauline, die ich im Januar bei den Ice
Swimming German Open in Burghausen kennengelernt
habe. Auch der Gast aus Deutschland ist ganz selbstverständlich eingeladen zum Wild Swimming in Plymouth.
Die britischen Schwimmer sind abgehärtet. Viele kommen jede Woche zu den Treffen und Trainingseinheiten
im Meer. Selbst im Januar, wenn das Wasser nur rund fünf
Grad hat. Alles Übungssache, sagen die hartgesottenen
Salzwasserfreunde. Einige Schwimmer sind nahezu täglich im Meer, mitunter ganz allein.

Lesley, Rachel und Kerry sind an diesem herrlichen Sams-
tag gegen elf Uhr längst weit draußen im Meer, schwimmen bei den orangefarbenen Bojen, die alle Schiffsführer
darauf hinweisen, dass sie besonders gut aufpassen müssen: „Swim Area - maximal vier Knoten", ist auf den Bojen
zu lesen. Wer trainieren will, kann sich gut an diesen sechs
Bojen orientieren. Einmal an allen vorbeischwimmen: die
halbe Meile ist geschafft. Achtmal hin- und herkraulen: die
Strecke des Breakwater-Schwimmens ist absolviert.

Wer samstagvormittags die Ohren spitzt, der hört die Bobbers quatschen, selbst vom Strand aus. Manche Schwimmer bleiben nur ein paar Minuten im kalten Wasser, viele treffen sich gegen zwölf Uhr im Terrassen-Café mit dem spektakulärsten Blick auf Drake's Island und auf Cornwall. Ein paar Damen verabreden sich spontan, sie wollen auch am Sonntag vor dem Hoe im Meer schwimmen.

Eine Frau, Mitte 30, erzählt, dass das regelmäßige Schwimmen und die Treffen mit Gleichgesinnten ganz, ganz wichtig für sie seien. Ihr Lebenselixier. Früher, erzählt sie, sei sie oft schlecht drauf gewesen, sie spricht auch von Depressionen, die nun - seit sie schwimme - wie weggeblasen seien. „Ganz besonders toll ist das Meerschwimmen an Wintertagen, wenn es längst stockfinster ist über dem Plymouth Sound", dem Meer vor der rund 250.000 Einwohner zählenden Stadt.

Atemberaubende Inseln im Atlantik

Ein paar Quadratmeter Großbritannien mit Südseeflair: Die Scillies sind ein Dorado für Wassersportler. Wer beim Schwimmen vor den Scilly Inseln auf Nummer sicher gehen will, der sollte sich mit Nick Lishman in Hugh Town verabreden. Nick lebt in der größten Siedlung auf St. Mary's, er kennt die kleinen Inseln draußen im Atlantik und das Meer wie die sprichwörtliche Westentasche.

„Nobody did that before", sagt Nick und grinst. Das hört sich doch gut an. Soweit er wisse, „hat das noch niemand vor euch gemacht" - einmal um St. Mary's rumschwimmen. St. Mary's ist die größte der rund 140 Inseln, Inselchen und Felsformationen draußen im Ozean, etwa 45 Kilometer vor Land's End in Cornwall, Großbritannien.

Der Tag ist wie gemacht für dieses individuell organisierte kleine Langstreckenschwimmen, das Nick mit einem motorisierten Schlauchboot begleiten wird. Der eben noch

114

graue Himmel ist aufgerissen. Die Sonne lacht über der Inselgruppe. Das Wasser schimmert azurblau. Die Wellen sind klein. Rund zwölf Kilometer stehen auf dem Tagesprogramm, schätzt Nick. Es sollen ein paar mehr werden. Nick betreibt zusammen mit seiner Frau Bryony auf St. Mary's ein Bed-and-Breakfast-Hotel, das Mincarlo. Die beiden haben das Haus von Bryonys Eltern übernommen. Nick organisiert auch Urlaube speziell für Schwimmer und andere (Wasser)Sportler. Er ist einer der Veranstalter der Scilly-Swim-Challenge. Wenn jemand von Insel zu Insel kraulen will, dann ist er bei Nick in guten Händen.

Und wenn ein paar Sportler auf die verrückte Idee kommen, St. Mary's zu umrunden, so wie wir, dann sagt Nick sinngemäß: Super Idee, bin dabei. Wer weiß, vielleicht wird ja mehr daraus, ein Wettbewerb wie das Kanalschwimmen zum Beispiel. Oder ein Angebot für Gruppen, die einen ganzen Tag lang gemütlich und auf mehrere Etappen verteilt von einer Bucht in die nächste schwimmen wollen, mit Pausen zum Einkehren in ein Café oder beim lokalen Weingut oder zum Ausruhen am Strand.

Der Start in Hugh Town. Mit von der Partie ist Steve Gibson. Er hat Sportwissenschaften studiert, lange in London gearbeitet. Irgendwann hatte er aber die Schnauze voll vom täglichen Stau auf den Straßen in der britischen Hauptstadt, vom elend langen Weg zur Arbeit, von den Menschenmassen. Er und seine Frau, die von den Scillies stammt, haben beschlossen: „Wir siedeln um." Seither betreiben die beiden ebenfalls ein Bed-and-Breakfast-Hotel. Wie gefühlt jeder zweite Scillonien. Und Steve hat nun auch spontan Zeit, anders als damals in London - zum Beispiel für dieses einzigartige Inselschwimmen.

Unsere Kleingruppe krault aus dem Hafenbecken raus. Und dann immer im Uhrzeigersinn um die atemberaubende Insel im glasklaren Wasser. Bei jedem Atemzug nach rechts: St. Mary's, idyllische Buchten, Palmen am

Strand wie in der Südsee, ganz wenige Ausflügler auf dem Ufer-Wanderweg. Beim Linksatmen sieht der Schwimmer entweder eine der Nachbarinseln - etwa St. Martin's mit dem hell strahlenden Strand - oder bis zum Horizont fast nichts außer Wasser und Himmel. Grandios. Plötzlich ruft Nick: „Wir sind am nördlichsten Punkt" - und schon knapp ein Viertel um die Insel rum.

Mit ein bisschen Glück sehen Schwimmer vor den Scilly-Inseln Robben. Und wenn sie ganz viel Dusel haben, vielleicht sogar Delfine. Ein paar hundert Armzüge weiter, vor Watermill Cove, lugt tatsächlich ein neugieriger Seehund aus dem Wasser - und schaut mir mitten ins Gesicht. Ein einmaliges Schauspiel.

Das Wasser hat im Hochsommer geschätzt gut 15 Grad. Für lange Strecken ist deshalb ein Neoprenanzug sehr zu empfehlen. Nick wird später erzählen, dass er aber auch Schwimmer begleitet, die mehrere Stunden lang ohne zweite Haut aus Kunststoff kraulen. Jene Kandidaten, die sich auf das Schwimmen im Ärmelkanal vorbereiten. Sie müssen nämlich vor dem Start nachweisen, dass sie mindestens sechs Stunden lang bei weniger als 16 Grad schwimmen können.

Nach gut drei Stunden Schwimmzeit erreicht die Gruppe Penninis Head, wenig später Porthcressa Beach. Die letzten Kilometer ziehen sich arg in die Länge. Nach vier Stunden: Ankunft im Hafen von Hugh Town. Wenig später noch ein Slalom durch ungezählte ankernde Motorboote und Segelschiffe. Gut, dass Nick mit dem Schlauchboot immer ganz in der Nähe bleibt. Sicher ist sicher.

Einen Tag nach unserem Schwimmabenteuer erzählt Nick, dass er bereits die erste Anfrage von einer Frau habe, die auch unbedingt so eine tolle Tour rund um St. Mary's buchen wolle. Nick sagt: „You started something." Ihr habt etwas angestoßen. Und das hört sich fast noch besser an als „nobody did that before".

Kraulen nach Cornwall

Was für ein Mittag in Devon! Die Sonne strahlt. Über der Uferpromenade der südenglischen Hafenstadt Plymouth, die sich stolz Britain's Ocean City nennt, wandern - ganz langsam - ein paar Wölkchen. Es ist fast windstill. Wellen? Gibt es an diesem Sommertag, der sich anfühlt wie ganz weit unten in Südeuropa, kaum. Die Luft: ist fast 30 Grad warm. Das Meerwasser hat geschätzt 15 Grad.

Raus aus den Klamotten. Rein in die Jammers. Mütze und Schwimmbrille aufgesetzt - und rein ins Vergnügen. Im Schlepptau die wasserdichte Boje, die ein paar Utensilien transportiert: ein Handtuch zum Beispiel, das Smartphone, ein bisschen Geld, eine Cola und ein paar Schokoriegel. Schwimmen ist an der Küste vor Plymouth hoch offiziell erlaubt. Schwimmen bis hinüber zu Drake's Island und dann weiter - von der Grafschaft Devon bis nach Cornwall? Auch erlaubt? Keine Ahnung. Ich frage lieber nicht nach. Später, gut eine Stunde nach dem Start, wird mich ein freundlicher Polizist von einem Boot aus aufklären. So viel schonmal vorab: ich darf auch nach dem Plausch weiterschwimmen - bis nach Cawsand.

Die ersten paar hundert Meter dieses kühl-kühnen Schwimmausflugs an der britischen Südküste sind gar kein Problem. Hier schwimmen die Mitglieder der Gruppe Devon Wild Swimming zweimal die Woche. Wenig später indes muss ich die Fahrrinne der Schiffe queren. Im Hafen liegt ein riesiges Kreuzfahrtschiff, es hat angelegt und dürfte nicht so bald starten. Ich muss nur rund 500 Meter flott hinüberkommen zur Insel, die nach Sir Francis Drake benannt ist, einem großen Sohn der Stadt Plymouth. Drake war im 16. Jahrhundert ein bedeutender englischer Seefahrer. Anno 1588 haben der routinierte Freibeuter und seine Mitstreiter die überlegene spanische Armada in die Flucht geschlagen. Nach der Sichtung der feindlichen Flotte hat Drake, der Teufelskerl, erst noch gemütlich eine Partie Bowling zu Ende gespielt, erst danach wurden die Spanier gejagt und besiegt. So jedenfalls geht die Legende, die in Plymouth jedes Kind kennt.

Ob Drake anno dazumal wohl auch geschwommen ist im Plymouth Sound? Dort, wo der River Plym mündet. Keine Ahnung. Kriegsschiffe indes sind auch an diesem Tag zu sehen, sie liegen aber im Hafen und weit draußen an einem mächtigen Damm vor Anker.

Um sicher hinüberzukommen zur Insel, muss ich mal wieder ein paar hundert Meter Wasserball-Kraul einlegen. Nach rechts gucken, nach links gucken, nach vorne gucken. Immer wieder. Mit dem Kopf über Wasser. Ab und zu schippert ein Ausflugsboot vorbei an der Insel. Ich komme aber gut rüber zu Drake's Island. Gehe nach ziemlich genau 1000 Metern im Wasser kurz an Land, inspiziere die Insel. Eine verfallene Anlegestelle für große Pötte und Algen, überall Algen. Es ist Niedrigwasser, später wird die Flut diesen Teil der Insel erneut überspülen.

Wieder rein ins Wasser, halb um die Insel schwimmen und dann hinein in eine ziemlich starke Strömung, die hinauszieht in Richtung Ärmelkanal. Ich kraule quer durch die Strömung, das geht in die Arme, aber das geht. Ich habe auch gar keine Alternative, sollte jetzt möglichst schnell nah ran an die Küste Cornwalls, noch sind es etwa 1000 Meter. Der Blick auf die GPS-Uhr am Handgelenk sagt: Du bist deutlich langsamer als vorhin, Martin! Also rein hauen! Nach etwa einer Stunde und insgesamt rund drei Kilometern ist das Ufer ganz nah. Die Sonne wärmt von oben, aber langsam werden die Finger bei rund 15 Grad Wassertemperatur - ohne Neo - doch taub. In etwa drei Kilometern Entfernung sind zwei Orte zu erahnen: Kingsand und gleich nebenan mein Ziel: Cawsand, wo mich mein alter Schwimmfreund Matthew Trace in Empfang nehmen will. Wir kennen uns seit 1981, waren Teenager, als wir uns beim Austausch unserer Clubs - SV Ludwigsburg und Port of Plymouth - erstmals getroffen haben. Matthew ist mit mir kürzlich rüber zu Drake's Island und wieder zurück nach Plymouth geschwommen, bis nach Cornwall wollte er aber lieber nicht kraulen. Deshalb diesmal allein.

Ich atme meistens nach rechts, mit Blickrichtung zur Küste. Nur selten nach links. Irgendwann erkenne ich links aber ein Boot, es kommt näher. Ich schaue nur ab und zu hin. Könnte ein Polizeiboot sein... ist ein Polizeiboot. Ich stoppe. Der Mann an Bord winkt mich zu sich her. Der freundliche Officer erklärt, dass es nicht ganz ungefährlich sei, die Schiffspassage als Schwimmer zu kreuzen. Er fragt nach meinem Namen. Ich erzähle ihm auch von damals, von unseren gemeinsamen Trainingsabenden mit den Schwimmern von Port of Plymouth. Vielleicht besänftigen ihn ja diese warmen Worte. Der Polizist bleibt freundlich. Er sagt nicht, dass es verboten sei, hier zu schwimmen. Ich hätte aber die „Authorities" informieren sollen. Keine Ahnung, wer genau gemeint ist. Ich frage lieber nicht nach, verspreche aber, diesen kleinen Schwimmausflug nicht zu wiederholen und in Cawsand aus dem Wasser zu steigen.

Nach etwa zwei Stunden: Ankunft am Ziel. Cawsand ist ein malerisches Küstennest mit bunten Häuschen und vielen kleinen Booten. Am Strand tummeln sich die Wassersportler: Surfer und Taucher, Männer, Frauen und Kinder in Kajaks und auf Surfbrettern. Ein klein bisschen fröstelnd gehe ich an Land. Nach einer Cola, einer cornischen Pastete, einem klebrig-süßen Kuchen und einem Milchkaffee ist alles wieder gut.

Einmal mehr bestätigt sich, was Wiederholungstäter längst wissen: Südengland ist ein wahres Paradies für (Freiwasser)Schwimmer - wenn sie ein bisschen Kälteresistenz mitbringen. Man kann sich wunderbar durch Kate Rews Standardwerk „Wild Swim" kraulen. In ihrem Buch beschreibt die Autorin viele tolle Badestellen überall in Britannien. Man kann indes auch auf eigene Faust losfahren und in Devon und in Cornwall alle paar Kilometer einsame Küstenabschnitte, coole Bäche und Flüsse mit glasklarem Wasser finden.

Nächster Tag, nächster Stop: der Fluss Camel, irgendwo zwischen Bodmin und Wadebrigde. Ein spontaner Halt. Das Flüsschen ist ein bisschen aufgestaut. Die Fahrräder haben wir in einem kleinen Wäldchen abgestellt und springen wieder mal hinein ins Vergnügen. Geschätzt 100 Meter weit kann man nach Herzenslust kraulen, hin und her, hin und her - oder sich ein bisschen treiben lassen in Richtung Meer. Grandios. Man könnte auch von Wadebrige aus bis nach Padstow schwimmen, auf dieser Strecke wird aus dem schmalen Bach allmählich ein breiter Fluss, der schließlich im Ozean mündet.

Nächster Tag, nächster Schwimm-Stopp: diesmal an der cornischen Nordküste bei Treyarnon, wo Matthews Caravan auf einem Campingplatz steht. Die Bucht könnte bei diesem hochsommerlichen Wetter auch irgendwo in der Karibik liegen. Das Wasser hat allerdings nur 14 Grad, das jedenfalls steht an einer Tafel neben der Eisbude geschrieben. Die Rettungsschwimmer sind freundlich, freuen sich, dass wir sie einweihen in unseren Plan. Wir wollen von einer Bucht zur nächsten kraulen. Von Treyarnon nach Constantine Bay und weiter bis nach Booby's Bay. Um Trevose Head, eine felsige Landzunge mitten im Meer, sagen die Lebensretter, sollten wir lieber nicht schwimmen. Zu gefährlich. Okay. Sollte aber auch zu machen sein. Vielleicht beim nächsten Besuch in Cornwall.

Die Sicht unter Wasser ist super. Ab und zu erkennen wir kleine, blaue Quallen. Immer wieder Wasserpflanzen, und gelegentlich treffen wir Surfer. Einmal sogar einen anderen Schwimmer. Er winkt wie wild, ich schwimme zu ihm, er fragt mich: „Bist du Martin?" Ich bin ziemlich überrascht. Dann erzählt er, dass er in Plymouth lebt, schon immer gelebt hat - und dass er mir auf Facebook folgt. Und dann folgt er mir wieder, diesmal im Ozean vor Cornwall bis zurück nach Treyarnon.

Eiskalt erwischt

Das große Zittern

Sechs Grad. Das ist halt doppelt so kalt wie zwölf Grad. Mit diesen Worten lässt sich gut erklären wie sich das anfühlt, das Schwimmen im Eiswasser. Wer mitten im Winter in der Nordsee trainiert, der spinnt. Oder er bereitet sich auf die Deutschen Meisterschaften im Eischwimmen im bayerischen Burghausen vor. Ich spinne nicht. Behaupte ich jedenfalls. Starte Anfang Januar bei den Aqua Sphere Ice Swimming German Open im Wöhrsee in Burghausen. Die Regeln dieser noch jungen (Extrem)Sportart sind simpel. Das Wasser: muss unter fünf Grad Celsius haben. Die zulässige Bekleidung: nur eine schnöde Badehose, eine Badekappe und eine Schwimmbrille sind erlaubt. Eincremen mit Fett ist verboten. Weil die Rettungstaucher im Notfall nicht zupacken könnten. Der Körper wäre zu glitschig, der Schwimmer kaum zu sichern.

Eisschwimmen üben kann man überall, wo es Wasser gibt. In fast jedem Fluss, in nahezu jedem See und im Urlaub, in meiner alten Heimat, in Hörnum in der Nordsee. Also stehe ich während dieser Tage vor und nach Silvester zumeist am frühen Nachmittag am Weststrand und ziehe mich aus. Die dick eingepackten Spaziergänger beäugen mich kritisch. „Warum macht er das?", fragt ein Mann meine Begleiterin und Handtuchträgerin. „Der hat bestimmt eine Wette verloren." Nein, habe ich nicht.

Ich will bei den Meisterschaften im Süden der Republik möglichst gut abschneiden. Aber was heißt das schon: gut abschneiden. Ich will die 200 Meter Freistil, für die ich mich gemeldet habe, eigentlich nur irgendwie überstehen. Bei einem Testschwimmen im Wöhrsee vor ein paar Wochen habe ich für die Strecke 2:47 Minuten benötigt. Es waren die kältesten 2:47 Minuten meines Lebens. Der Wöhrsee hatte damals 4,5 Grad Celsius.

Die Nordsee vor Hörnum hat zunächst knapp sieben Grad. Brühwarm, könnte man also sagen. Beim Training vor dem Jahreswechsel bin ich täglich etwa zehn Minuten lang im Wasser. Ohne größere Probleme. Mein Rezept ist einfach: ganz schnell rein ins Meer und sofort loskraulen. Ohne lange nachzudenken.

Seit das Wetter umgeschlagen hat, ist alles anders. Ich gehe immer noch schnell rein ins Salzwasser. Die mittlerweile sechs Grad Wassertemperatur sind nicht das Problem, wohl aber der starke Wind und die Lufttemperatur. Mal minus drei Grad, mal minus fünf. Beim Kraulen ist es im Wasser nicht wirklich kalt. Gewöhnung ist alles. Aber alle Körperteile, die nicht im Wasser sind, sondern an der Luft, die fühlen sich schon nach wenigen Sekunden im Eiswind an, als ob sie nicht mehr wirklich dazugehören. Die Finger? Fremdkörper ohne jedes Gefühl. Dazu gefühlt tausend Stecknadeln am Bauch und an den Armen. Das Atmen fällt schwer. Nach spätestens fünf Minuten ist jetzt Schluss mit Eisschwimmen. Dann beginnt am Strand das große Zittern. Eine Abwehrreaktion des Körpers. Wer zittert, produziert Wärme. Und das ist gut so. Der Fußweg zurück zum Feriendomizil im Strandweg wird zur Tortur. Der halbe Kilometer - gefühlt eine halbe Ewigkeit.

Bitter kalt im Breitenauer See

So ein Blödsinn. Was mache ich hier eigentlich? An diesem kalten Sonntagmorgen mitten im Winter am Ufer des Breitenauer Sees bei Heilbronn. Wie Günter Eckert und Matthias Leers stehe ich bei knapp über Null Grad Lufttemperatur nur mit einer Badehose bekleidet am Wasser. Die beiden gehören zur Gruppe Ice Swimming Breitenauer See, sie haben mich schon zigmal eingeladen. Jetzt bin ich da. Ein paar dick angezogene Spaziergänger bleiben stehen und staunen ungläubig beim Anblick der fast nackten Schwimmer. Das Seewasser hat 7,5 Grad. Und das ist eigentlich noch viel zu warm.

Jeder Eisschwimmer hat sein eigenes Rezept. Ich muss mich sofort in den See oder den Fluss stürzen und loskraulen. Andere waten langsam ins Wasser hinein, stehen minutenlang knietief im See, kühlen sich langsam ab und fangen erst dann langsam an, Brust zu schwimmen.

Vor ein paar Wochen sind die Eisschwimmer wieder ins Training eingestiegen, in vielen Ecken der Republik. Zum Beispiel die Anna Krämer im Saarland und der Marcus Reineke in Niedersachsen, die Conny Prasser in Moritzburg und der Uli Munz in Haidgau in Baden-Württemberg. Mittlerweile stimmen die Bedingungen - wenn die Rekorde aber zählen sollen, dann muss das Wasser noch kälter werden, kälter als fünf Grad.

Viele Eisschwimmer bibbern - nicht nur beim Training. Sie haben mitunter richtig Schiss. Ich auch. Ich hab einen Höllenrespekt vor den 1000 Metern bei vier Grad, womöglich bei nur drei oder zwei. Ich will die 1000 demnächst bei den Offenen Deutschen Meisterschaften im Eisschwimmen erstmals in einem Wettkampf absolvieren. Bis dato sind die Gewässer, die ich fürs Training schnell erreichen kann, auf gut sieben Grad abgekühlt. Man könnte also sagen: Es gibt noch Luft nach unten. Unser Neckar hatte kürzlich 7,7 Grad und der Breitenauer See besagte 7,5 Grad. Im Neckar bin ich den Kilometer in knapp 17 Minuten gekrault. Gefühlt eher gemütlich. Tempo machen will ich erst in Burghausen. Aber abwarten, ob das überhaupt möglich ist: richtig Gas geben im Eiswasser.

Die Topathleten wie Christof Wandratsch schwimmen noch schneller. Ungezählte Hobby-Eisschwimmer indes sind langsamer unterwegs. Und diese Damen und Herren sind aus meiner Sicht die Helden der überschaubaren Szene, sie sind für 1000 Meter nämlich bis zu 25 Minuten lang im Eiswasser. Unglaublich. Eine dieser Schwimmerinnen ist Anna Fischer. Sie trainiert im Wöhrsee in Burghausen, in dem im Januar die Wettkämpfe stattfinden. Kürzlich war Anna zwölf Minuten lang bei sieben Grad im See - und hat nach dem Schwimmen erklärt: „Mir tun brutal die Finger weh." Sie wisse gar nicht, wie sie die doppelte Zeit in noch kälterem Wasser packen solle. Wird schon, Anna, hat im vergangenen Winter doch auch geklappt.

Mein Seetraining mit Günter und Matthias läuft richtig gut. Danke für die Einladung. Das Ambiente ist spektakulär. Der See liegt idyllisch vor einer Weinbergkulisse. Matthias und Günter gehören eher zur Riege der Langsamschwimmer. Wir drei bleiben fast 20 Minuten lang im See. Die zwei schwimmen in dieser Zeit einmal zur hinteren Insel und wieder zurück zum Start. Ich kraule die dreifache Distanz, geschätzt knapp 1,2 Kilometer. Spätestens nach fünf Minuten schwindet das Gefühl in den Fingern und in den Zehen. Später fühlen sich die Hände an wie Fremdkörper, wie Holzklötze, die nicht zum Körper gehören.

So ein Blödsinn - dieser Gedanke ist bald wie weggewischt. Je näher ich der 1000-Meter-Marke komme, desto größer wird bei jedem Training die Euphorie. Viele Eisschwimmer hat das neue Hobby eiskalt erwischt.

Die kältesten 15 Minuten meines Lebens

Hätte ich das Angebot doch nur angenommen. Dieser Gedanke geht mir unmittelbar vor dem Start der 1000 Meter bei 2,4 Grad Wassertemperatur durch den Kopf. Dann hätte ich die Königsdisziplin aller Eisschwimmer nämlich schon hinter mir. Die Veranstalter der Ice Swimming Aqua Sphere Word Championships hatten mir einen Startplatz

angeboten, obwohl ich mich nicht für das Rennen quali-
fiziert hatte – ich bin die 1000 Meter nämlich noch nie in
einem Wettkampf geschwommen. Ich wäre außer Konkur-
renz mitgeschwommen, hatte aber abgelehnt und mich für
die 1000 Meter am Tag nach der WM angemeldet – also
muss ich jetzt bei den German Open ran. Über die WM
hatte ich ja schreiben wollen für swim.de. Und das wäre
nach dem eigenen Start ganz bestimmt völlig unmöglich
gewesen, mit zitternden Händen.

Also stehe ich an diesem Vormittag im tiefsten Winter bei
geschätzt minus zehn Grad Lufttemperatur am Beckenrand. „Take off your clothes“, ruft der Starter. Und dann
wird es ernst: „Go into the water.“ Es hilft ja nichts: rein in
das 2,4 Grad kalte Wasser des Wöhrsees.

Wir haben das x-mal geübt, meine Ludwigsburger und
Heilbronner Eisschwimmkumpels: das Kraulen bei extre-
mer Kälte. Meistens war ich am längsten im Wasser, immer mindestens 15 Minuten lang, nur bekleidet mit einer
schnöden Badehose und einer Badekappe. Unser Neckar
und der Breitenauer See waren auf Betriebstemperatur,
wir hatten oft knapp fünf Grad, einmal sogar nur drei Grad.
2 Komma irgendwas Grad hatten wir aber nie.

Das Startsignal ertönt. 2,4 Grad kaltes Wöhrsee-Wasser:
Das fühlt sich zunächst auch nicht viel schlimmer an als
drei Grad in unserem See daheim. Die Wenden im Wöhrsee sind schwierig, alles ist komplett vereist. Kein Wunder:
Der Wöhrsee ist zugeeist, nur das Becken wird mit Hilfe
von Pumpen der Feuerwehr eisfrei gehalten. Die Schwimmer müssen höllisch aufpassen, dass sie bei den Wenden
nicht abrutschen.

Die ersten 500 Meter laufen super. Ein schneller Blick zur
Tafel, die die Zwischenzeiten anzeigt: Ich kann 7:2… erkennen. Ich bin also mit einer Schnittgeschwindigkeit von
knapp 1:30 Minuten pro 100 Meter unterwegs - und damit
voll im selbst gesetzten Zeitplan. Rund 15 Minuten, das

ist mein Ziel. Bei den Wenden höre ich immer jemanden „Martin" rufen. Später wird sich herausstellen, dass mein Schwimmfreund Uli Munz wohl am lautesten gebrüllt hat. Vielen Dank dafür, lieber Uli. Nach der Hälfte der Strecke schwindet das Gefühl in den Fingern und in den Füßen. Ansonsten fühlt sich der Körper noch sehr gut an. Kein Herzrasen, keine Atemprobleme. Andere Schwimmer werden später berichten, dass ihnen die extrem niedrige Lufttemperatur ungeahnte Probleme bereitet habe.

Die Hände und die Füße fühlen sich wieder an wie Holzklötze, die vorübergehend nicht zum Körper gehören, wie angenagelte Fremdkörper. Bei 800 Metern werden meine Arme immer schwerer. Es zwickt im Bauch. Bei 900 Metern ist alles wieder gut, vermutlich wegen dieses einen Gedankens: Gleich ist es vorbei. Nur noch vier Bahnen! Vieles im Sport ist Kopfsache.

Die letzte Wende, jetzt noch eine Bahn so schnell wie möglich schwimmen. Der Anschlag. Geschafft! Auf der Anzeigetafel steht: 1. Martin Tschepe, 15:16 Minuten. Nicht übel für meine ersten 1000 Meter in einem Wettkampf im Eiswasser. Nur ein Konkurrent im Lauf vorher ist schneller geschwommen. Ich bin Deutscher Vizemeister. Wobei man wissen muss: Die Superstars sind am Vortag bei der WM geschwommen und nicht bei den Deutschen. Ich bin trotzdem zufrieden mit den kältesten 15 Minuten meines Lebens. Diese German Open sind grandios. Fast alle Schwimmer, die mal da waren, kommen wieder, immer wieder. Der Uli zum Beispiel und die Conny.

Ersttäter im Eiswasser

Gut drei Dutzend unverfrorene Frauen und Männer stehen im Dezember bei etwa null Grad Lufttemperatur am Rande des Beckens des alten Freibads in Erbstetten in der Nähe von Stuttgart. Sie tragen nur Badehose oder Badeanzug, Badekappe und Schwimmbrille, und sie wollen gleich im gut sechs Grad kalten Wasser ein bisschen schwimmen. Was für eine Schnapsidee, mögen sich manche Zuschauer denken und bibbern.

Dieses Eisschwimmen ist kein knallharter Wettbewerb, sondern eine Aktion, bei der Geld zusammen kommen soll für die dringend notwendige Sanierung des rund 70 Jahre alten Bades. Sponsoren bezahlen dafür, dass sich andere ins Eiswasser wagen. Gekommen sind einige routinierte Eisschwimmer, sie nutzen den Termin in Erbstetten als Training für die German Open im Eisschwimmen, die Anfang Januar in Veitsbronn ausgetragen werden. Gekommen sind indes auch ein paar Ersttäter, Leute, die nie zuvor in so kaltem Wasser waren.

Und alle werden von den Zuschauern frenetisch angefeuert, ganz egal, ob sie eine Bahn schwimmen, also 33 Meter weit oder - wie ich - 1000 Meter, 30 Bahnen. Die Sponsoren lassen pro Schwimmer 50 Euro springen, manche auch 100 Euro. Und einer bezahlt sogar 1000 Euro für meine 1000 Meter. Vielen Dank dafür, Herr Wiesheu. Im Laufe des Nachmittags kommen rund 5000 Euro zusammen. Die Damen und Herren vom Bad-Förderverein sind zufrieden - und alle Schwimmer, die soeben den eigenen Schweinehund überwunden haben, sowieso.

Als ich meine 1000 Meter nach gut einer Viertelstunde beende, steigt tatsächlich Florian Muhl ins Wasser, der Mann, der das erste (aber sicherlich nicht letzte) Eisschwimmen in Erbstetten angestoßen hat, damals im Sommer bei gut 25 Grad im Schatten.

Muhl ist Redakteur der Backnanger Kreiszeitung. Wir beide waren zu einem Pressetermin der Gemeinde und des Vereins gekommen. Gesprochen wurde über Aktionen, die Geld in die Kasse bringen könnten für die Sanierung. Und der Kollege hat dann feixend auf mich gezeigt und erklärt: Wie wäre es mit einem Schwimmen im Winter, der Herr Tschepe von der Stuttgarter Zeitung ist doch Deutscher Meister im Eischwimmen. Stimmt gar nicht, hab ich gesagt, bin nur Vizemeister, aber ich bin aus der Nummer nicht mehr rausgekommen, wollte ich auch gar nicht.

Das war mal eine coole Veranstaltung in Erbstetten, haben alle gesagt, die dann da waren. Auch ein paar Schwimm-Routiniers, etwa Bruno Dobelmann, der Mann, der die Doppel-Beltquerung geschwommen ist, und Oliver Halder, der Veranstalter der Bodenseequerung. Schnell war man sich einig: Im nächsten Winter soll das zweite Eisschwimmen in Erbstetten steigen. Vermutlich mit einem kleinen Wettbewerb über 33 Meter oder über 100 Meter, und dann womöglich auch bei echten Wettbewerbsbedingungen, denn fürs Eisschwimmen muss das Wasser eigentlich weniger als fünf Grad haben. Wer diesmal bei sechs Grad gekrault ist, der kann das ganz bestimmt auch bei nochmal ein, zwei Grad weniger. Notfalls werfen wir halt ein paar Eiswürfel ins Becken.

Schwimmverrückt

Plötzlich Triathlet

Sie strahlen schon beim Start vor Glück. Die meisten sind halt Wiederholungstäter und kennen das tolle Gefühl, anzukommen beim Trifun auf Pellworm. Ankommen nach 600 Metern Schwimmen im Salzwasser, nach 20 Kilometern Rad fahren bei steifer Brise und nach fünf Kilometern Rennen auf der Insel im Wattenmeer.

Etwa 200 Sportler gehen bei der 14. Auflage dieses einzigartigen Triathlons an den Start. Die Bedingungen für den Trifun sind gut. Das Wasser im Hafenbecken hat etwa 20 Grad. Am Himmel tanzen die Wolken, gelegentlich guckt die Sonne vorbei, ab und zu ein kurzer Regenschauer - aber zum Glück kein Gewitter. Und die schier unerträgliche Hitze der vergangenen Tage ist auch verflogen. Jetzt aber hinein ins Hafenbecken. Alle Einzelstarter und die Staffelschwimmer springen ins Wasser. Rechts ein Krabbenkutter, links ein Ausflugsschiff und im Meer mit den Triathleten ein paar Quallen. Dann legen wir los. Volle Pulle auf Pellworm - das ist das Motto an diesem tollen Nachmittag. Jeder und jede ist so schnell unterwegs wie eben möglich. Wir kraulen zunächst hinaus in Richtung Nordstrand. Eigentlich wollte ich ja nur schwimmen, denn schwimmen, das kann ich ganz gut. Ich bin schon viel weiter gekrault als 600 Meter. Auch zusammen mit Dierk, mit Dierk Jensen. Mein Schwimmfreund und Journalistenkollege ist auf Pellworm aufgewachsen, er ist einer der drei Organisatoren des Trifuns. Und er hatte mir versprochen, wenn ich denn zum Trifun kommen sollte, extra für mich eine schnelle Staffel zusammenzustellen. Kurz vor dem

Tag x dann die ernüchternde Nachricht: „Keine Staffel, du musst den kompletten Triathlon allein machen." Okay, hab ich gesagt - es half ja nichts.

Also kraule ich ein klein bisschen mit angezogener Handbremse zur Wendeboje, die auf den Wellen tanzt, und dann wieder zurück zum Hafen. Wir sind zu dritt in der Spitzengruppe. Auf den letzten paar Metern beschließe ich: Jetzt Vollgas, als erster aus dem Wasser kommen, das wäre doch schön - und dann sehen wir weiter. Der Plan geht auf. Dann indes wird's hart. Meinen bis dato letzten Triathlon hab' ich vor geschätzt 20 Jahren absolviert. Damals war ich noch stolzer Besitzer eines Rennrads.

Schon in der Wechselzone verliere ich ein paar Minuten. Die Ausrüstung tauschen, das ist die vierte Disziplin eines jeden Triathlons. Als ich endlich auf meinem voll-gefederten Reiserad sitze: Ernüchterung pur. Es war ja klar: Die Cracks auf ihren Rennrädern werden viel schneller unterwegs sein. Aber jetzt rast alle paar Sekunden eine Rennmaschine an mir vorbei. Gefühlt müsste nach zehn Kilometern fast das gesamte Feld vor mir fahren. Dafür lacht nun die Sonne vom Himmel. Der Wind bläst von vorne. Nordseewetter pur, wie schön.

So ein Dreikampf geht in die Knochen. Aber das Gefühl, ein kleiner Teil dieser großartigen Veranstaltung zu sein, ist grandios. Und nach der Radstrecke sind dann doch noch einige Sportler hinter mir. Wie viele genau, das weiß auch später im Ziel zunächst keiner. Die Veranstalter räumen offen ein, dass sie erstmals Probleme hätten mit der Zeitnahme. Dierk sagt über die Mikrofonanlage sinngemäß: Tut uns leid, aber wir stehen dazu. Und was machen die Triathleten? Keiner mosert, viele klatschen Beifall. Beim Trifun ist der Name eben Programm. Es geht in erster Linie darum, gemeinsam Spaß zu haben. Ein Sportfest zu feiern. Alte und neue Freunde zu treffen.

Als die schnellsten Sportler ins Ziel rennen, stelle ich mein

Reiserad ab - und muss noch laufen. Die Gewinner sind eben erst mit mir aus dem Meer gestiegen, sie benötigen für den ganzen Triathlon weniger als eine Stunde. Respekt. Meine letzten fünf Kilometer per Pedes beginnen. Die laufen sich fast von allein. Die Oberschenkel und die Fußsohlen brennen ein bisschen, der Schweiß rinnt. Alles egal. Nach einer Stunde und 21 Minuten bin ich im Ziel. Und im nächsten Jahr komme ich wieder. Dierk hat versprochen, dass ich dann sicher zwei Staffelpartner finde. Womöglich will er selbst Rad fahren. Das wird ein Spaß.

Abenteuer im Allgäu

Wer einigermaßen schwimmen und ganz passabel rennen kann, der sollte das unbedingt mindestens einmal im Leben machen: bei einem Swimrun starten.

Die Vorhersage: nicht so toll, vielleicht soll es sogar schneien, feixen ein paar Spötter am Vortag. Das Wetter ist dann aber bombastisch an diesem Tag im Oktober. Nur ein paar Wölkchen am Himmel und Sonne satt im Allgäu. Ein lauer Wind bläst, das Wasser der Seen habe aber nur rund zwölf Grad, heißt es beim Start. Was nicht ganz stimmt, das Wasser ist stellenweise viel kälter.

Am Horizont sind die schneebedeckten Alpengipfel zu sehen. Gigantisch. Aber das Gefühl in der Magengegend ist flau. Gleich geht's los: 23 Kilometer rennen, inklusive ordentlich Höhenmetern. Und 3,5 Kilometer schwimmen, im Rottachspeicher und im Grüntensee. Immer abwechselnd, mal rennen, mal schwimmen. Rennen und dann wieder schwimmen. Mein allererster Swimrun.

Der Startschuss. Die Profis gehen ab wie die Feuerwehr. Und ich geh' erstmal hinterher. Vermutlich viel zu schnell. Mach mal langsamer, ruft meine Doppel-Partnerin Katja nach knapp zwei Kilometern. Beim Swimrun bilden immer zwei Sportler ein Team. Zwei Männer, zwei Frauen oder eine Frau und ein Mann. Das ist sicherer, falls einem unterwegs etwas passieren sollte, dann ist zumindest ein Soforthelfer zur Stelle. Die Teams sind nämlich mitunter mutterseelenallein unterwegs.

Ich gehe nach der Ermahnung also vom Gas. Wir lassen die Cracks ziehen - auch meinen Freund, den Meisterschwimmer Christoph Wandratsch, und dessen Schwester Birgit. Die beiden, an denen ich ganz gerne etwas länger drangeblieben wäre, werden später weit vorne landen. Die Swimrunner müssen steile Berge hoch laufen, über schmale Pfade und auf matschigen Pisten bergab rennen. Der Puls ist schnell auf 180. Der Schweiß läuft in Strömen, die Bademütze muss deshalb vorerst vom Kopf. Was mache ich hier eigentlich? Rennen im Neoprenanzug, mit Schwimmbrille und mit einem elastischen Seil, das mich und die Katja später im See verbinden wird. Damit wir beieinander bleiben. Geschwommen wird mit den Laufschuhen. Und schon wieder dieser Gedanke: Was mache ich hier nur? Das frage ich mich nach ein paar Kilometern, als es wieder bergauf geht. Wie die meisten anderen Teilnehmer rennen wir an den steilsten Passagen nicht immer, gelegentlich gehen wir flott.

Wie die sprichwörtliche Jungfrau zum Kinde - so bin ich zu diesem Einsatz gekommen. Drei Tage vor dem Start des Allgäu Swimrun in Oy-Mittelberg eine Nachricht auf dem Smartphone: Hilfe, hieß es da sinngemäß in der Anfrage von Katja, ihre Partnerin sei krank. Startest Du mit mir? Ihr Team heißt Neckarnixen.

Ich kenne Katja seit Jahren, Katja Fischer - Mitglied beim SV Ludwigsburg wie ich. Lange nachdenken musste ich nicht. Ok, hab ich gesagt. Aber ich kann nur eins versprechen: dass ich beim Start dabei bin - und hoffentlich auch noch im Ziel. Das Team heißt nun Neckarschwimmer, das passt besser als Nixen, finde ich. Wir trainieren oft im Neckar. Ich trainiere aber fast nie Laufen. Schon länger nicht mehr, seit einem Muskelfaserriss in der linken Wade laufe ich nur noch gelegentlich. Dann hab ich den André gefragt, einen der Top-Swimrunner in Deutschland. Was beachten? Mit Socken laufen? Oder ohne? André Hook ist ein super Typ. Er hat mir alle Fragen beantwortet - und einen paar Utensilien geschickt, zum Beispiel des Seil fürs Schwimmen.

In der ersten Euphorie dachte ich: Ok, den Halbmarathon bis du mal in 1.44 Stunden gerannt, und die 3,5 Kilometer schwimmst du locker in 50 Minuten. In drei Stunden sollte der Swimrun doch zu packen sein. Nix da! Die Gewinner Knut Baadshaug und Sebastian Kreder werden nach 2.42 Stunden im Ziel sein, wir nach gut vier Stunden. Die letzten Teilnehmer nach mehr als fünf Stunden. Aber noch ist es ein weiter Weg bis zurück zum Kurhaus in Oy.

Der erste Wechsel vom Laufen zum Schwimmen. Das Seil einhaken an meinem und an Katjas Neo - und loskraulen. Ich schwimme vorne, hab die Partnerin im Schlepptau. Wir überholen ein paar Teams. Das kalte Wasser - zwölf Grad könnte hinkommen - bringt eine angenehme Abkühlung. Nach der ersten Etappe im See: wieder rennen. So geht das weiter, ein paar Kilometer rennen, knapp einen Kilometer oder ein paar hundert Meter schwimmen, rennen, schwimmen, rennen, schwimmen. Wir laufen über Berge und durch idyllische bayerische Dörfer. Die Strecke ist top beschildert, vielerorts stehen Helfer. Es gibt mehrere Verpflegungsstände. Einmal überholen uns DRK-Männer auf Quads. Dann ein Helfer auf seinem Fahrrad.

Meine alten Laufschuhe erweisen sich als weniger gut geeignet für die Passagen bergab. Ich komme mehrmals ordentlich ins Rutschen. Später zwickt der linke Oberschenkel. Katja klagt gelegentlich wegen Krämpfen. Meine Sprunggelenke zwicken. Aber wir rennen weiter, immer wieder. Werden an Land gelegentlich überholt, schwimmen im See wieder weiter nach vorne.

Das erste Schwimmen im Grüntensee fühlt sich ziemlich kalt an. Später wird es heißen, das Wasser habe nur knapp neun Grad gehabt. Also richtig gefühlt, stellenweise deutlich kälter als zwölf. Tut aber gut, die Kälte, das Zwicken in den Gelenken ist wie ausgeknipst. Und das Brennen der Muskeln auch.

Das letzte Schwimmen, noch einmal rein ins kalte Wasser, geschätzt 300 Meter weit kraulen. Und dann geht es nochmal fies bergauf. Ankunft am Ziel. Geschafft. Platz 27, von knapp 50 Teams. Ganz passabel für den ersten Swimrun. Allgäu, wir kommen wieder.

Kraulen mit Jordanien-Blick

Eigentlich sollten wir längst unterwegs sein, in Richtung Jordanien. 8 Uhr ist nämlich schon vorbei - aber noch immer warten die Starter über die fünf Kilometer vor Eilat im Roten Meer auf ihren Einsatz. Ein Israeli, der auch mitschwimmt, grinst und sagt dann: „Du bist nicht in Europa sondern im Mittleren Osten". Hier laufen die Uhren offenbar deutlich langsamer.

Schnell schwimmen können sie trotzdem, die Israelis. Die Athleten über 7,5 Kilometer sind bereits seit etwa einer Stunde unterwegs. Der schnellste Krauler wird später nach genau einer Stunde und 40 Minuten anschlagen - eine Bombenzeit.

Endlich kommt der Start in die Gänge: „drei, zwei, eins" und ab geht die Post für die Fünf-Kilometer-Schwimmer. Zuerst nach Osten in Richtung Akaba, in Richtung Jordanien also - und in Richtung Sonne, die erst kürzlich aufgegangen ist. In etwa 700 Metern Entfernung soll eine knallrote Boje darauf warten, umrundet zu werden. Doch gegen die Sonne ist kaum etwas zu erkennen. Immerhin können die Schwimmer die Vorkrauler zumindest vage erkennen, jene Sportler, die die 7,5 Kilometer absolvieren. An ihnen können wir uns ganz gut orientieren.

135

Wer beim Red Sea Swim Cup mitmacht, der gehört sowieso bereits vom Start weg zu den Gewinnern. Jeder Schwimmer nimmt nämlich von der allerersten Armbewegung an grandiose Eindrücke auf und diese später mit nach Hause. Im Osten schimmern die Berge der jordanischen Wüste. Nach der Wende an der Boje, die ein paar Minuten später ohne Probleme zu erkennen ist, schwimmen die Sportler kurz in einiger Entfernung entlang der jordanischen Küste in Richtung Saudi-Arabien und dann um die nächste Boje herum. Am Horizont ist die ägyptische Sinai-Halbinsel zu erahnen, später geht es zurück zum Start am Badestrand von Eilat. Eine Runde ist geschafft, 1,5 Kilometer. Mitunter sind Fische zu sehen und ein paar Quallen. Und Haie? Das hat einer vor dem Start wissen wollen. Haie? „Schöne Fische", war die Antwort. Nein, es bestehe keine Gefahr. Stimmt. Alle Schwimmer steigen später wohlbehalten aus dem Roten Meer.

Nach den ersten 1,5 Kilometern warten noch mal zwei dieser Runden vor sensationeller Kulisse - und dann zusätzlich die deutlich kürzere Strecke um die beiden knallgelben Bojen. Die 5.000 Meter sind geschafft. Der Schnellste absolviert diese Distanz in 1:04 Stunde, der Langsamste benötigt fast doppelt so lange. Aber bei diesem Open-Water-Schwimmen dürfen sich alle wie Gewinner fühlen.

Die Organisation ist für alle, die nicht oder nur rudimentär Hebräisch sprechen, schwierig zu durchschauen. Manche Auskünfte gibt es nicht auf englisch, nicht alle Schwimmer wissen, dass unmittelbar nach dem letzten Wettbewerb über 1,5 Kilometer die Siegerehrung stattfindet. Manche bekommen ihre Medaille gar nicht, manche verspätet die falsche. Schwamm drüber. Und dieser Red Sea Swim Cup geht ja im Schatten der laut Auskunft der Veranstalter größten Sportveranstaltung in Israel über die Bühne: Viele der Red-Sea-Swim-Cup-Schwimmer sind am Vortag beim Israman angetreten, einem der härtesten Ironman-Wettbewerbe weltweit mit Lauf- und Radstrecken in den Bergen der Negevwüste mit großer Hitze auch im Januar und mit Wind. Beim Red-Sea-Swim-Cup werde ich in meiner Altersklasse Erster, beim Triathlon am Tag zuvor bin ich mit meiner Staffel auf Platz drei gelandet - zusammen mit zwei isrealischen Sportlern. Eilat, ich komme wieder.

Testschwimmen in Tarzans Traumpool

Bei der Eröffnung des Piscine Molitor 1929 war der amerikanische Rekordschwimmer und Leinwandheld Johnny Weissmüller Stargast. 1946 stellte eine Stripperin in dem Prachtbad den ersten Bikini vor. Ein handfester Skandal. Lange her. Das baufällige Molitor war seit 1989 für Schwimmer geschlossen, wurde zeitweise zum Dorado für Partylöwen und ausgeflippte Künstler. Dann die Wiedereröffnung des geschichtsträchtigen Bades, da muss ich hin - für ein Testtraining.

Wer in diesem heiligen Wasser schwimmen will, der muss Kind sein und in der Nähe des Piscine Molitor im Westen von Paris wohnen. Die Buben und Mädchen der benachbarten Schule dürfen dreimal wöchentlich ins Molitor. Sie wissen vermutlich gar nicht, wie privilegiert sie sind. Wenn Otto-Normal-Urlauber in diesem Bad kraulen will, dann muss er sich für mindestens eine Nacht im gleichnamigen Fünf-Sterne-Hotel einmieten - und das ist nicht gerade preiswert, etwa 300 Euro und (teilweise deutlich) mehr kostet das Doppelzimmer. Die dritte Möglichkeit ist noch kostspieliger, jedenfalls nichts für Gelegenheitsbesucher: Mitglied werden im exklusiven Club. Funktioniert aber nur, wenn der Aspirant von einem Mitglied empfohlen wird. Für Nicht-Pariser vermutlich keine Option.

Also einmieten. Ich will unbedingt in dem Becken trainieren, in dem einst die Schwimmlegende Johnny Weissmüller seine Bahnen gezogen hat, jener amerikanische Topathlet, der als erster Mensch die 100 Meter Freistil in weniger als einer Minute geschafft hat, der später in den ersten Tarzanfilmen die Hauptrolle spielte. Weissmuller war der Stargast während der ersten Eröffnung des Molitor im Jahr 1929. Das Pariser Bad hat auch später immer wieder Geschichte(n) geschrieben, zum Beispiel im Sommer des Nachkriegsjahres 1946. Damals hat eine Nackttänzerin vor staunenden Männeraugen den weltweit ersten Bikini vorgeführt - und so manchen Adonis gedanklich zum Fremdgehen verführt. Ein handfester Skandal. Die seriösen Models hatten sich geweigert, dieses Stückchen Nichts in der Öffentlichkeit zu präsentieren. Doch schon ein paar Jahre später fläzten sich junge Damen im Molitor ungeniert oben ohne. Und wieder gafften die Herren der Schöpfung ungeniert.

Der Bademeister, der an diesem grauen, regnerischen Frühlingstag am Beckenrand steht, antwortet auf meine Frage nach dem Mitgliedsbeitrag für den Club breit grinsend: „Das kostet im ersten Jahr rund 4.500 Euro und dann etwa 250 Euro monatlich." Unmittelbar nach dem aufwendigen Wiederaufbau und der erneuten Eröffnung des Pariser Prachtbades im Mai 2014 seien auch Tagesgäste eingelassen worden, für 200 Euro je Schwimmeinheit, erzählt der Rettungsschwimmer feixend. Im Vergleich dazu ist meine Nacht im Doppelzimmer ein wahres Schnäppchen. 300 Euro geteilt durch zwei, das macht 150 Euro pro Nase. Man könnte also sagen: 50 Euro gespart. Wer im Hotel Molitor absteigt, der bekommt alle paar Schritte (Schwimm)Geschichtsunterricht gratis dazu. An den Wänden hängen übergroße alte Schwarz-Weiß-Fotografien: Menschen mit Astralkörper im Wasser, tausende Badegäste am Beckenrand, strahlende Kindergesichter. Auf dem Teppichboden stehen Worte wie „Bikini 1946" und „Johnny Weissmüller 1929". Beim ersten Betreten des Zimmers im zweiten Stock mit tollem Blick direkt auf den Außenpool läuft das Fernsehgerät. Ein Kurzfilm. Erzählt wird die Historie des Molitor. Im Schweinsgalopp durch mehr als acht Jahrzehnte. Im Sommer ein gut besuchtes Freibad und bis 1970 immer im Winter eine Eisbahn.

Das vom Architekten Lucien Pollet im Art-déco-Stil errichtete Bad stand seit jeher für Luxus. In den Jahren zwischen den Weltkriegen war Schwimmen eine Sportart der besser Betuchten. So wie später das Golfen. Nächster Filmschnitt, nächstes Bild: Weissmuller als Schwimmlehrer im Molitor. Auf den alten Fotos, die über die Mattscheibe flimmern, ist der mehrfache Olympiasieger zu sehen, wie er seine Schützlinge unterweist. Kreischende Kinder. Diven beim Sonnenbaden. Das Molitor hat Mode kommen und gehen sehen.

Den Beschluss, die Eisbahn im Winter nicht mehr zu betreiben, kann man als den Anfang vom (vorläufigen) Ende des Bades bezeichnen. 1989 wird das Molitor dichtgemacht, für fast genau 25 Jahre. Weg mit der alten Immobilie, das sagen damals nicht wenige Pariser. Doch die Freunde des Molitor setzen sich durch. Zwischenzeitlich nehmen Partylöwen das kleinere Hallenbad in Beschlag, feiern durch die Nächte. Ausgeflippte Künstler toben sich in dem Bad aus. Erhalten sind ungezählte Farbfotos, die die tollsten Graffiti an den Wänden zeigen. Aus dem Tempel des Hedonismus wurde für mehr als eine Dekade ein Tempel der Untergrundkultur.

Dann der Beschluss, der viele Schwimmer jubeln lässt. Weltweit. Das Bad wird originalgetreu wieder aufgebaut. Obendrauf indes thronen nun die 124 luxuriös ausgestatteten Hotelzimmer.

In dem grandiosen Pool schwimmen an diesem Nachmittag nur ganz wenige Hotelgäste. Wie schön. Weniger schön ist die Wassertemperatur - jedenfalls für Wettkampfschwimmer, die es krachen lassen wollen. „Fast 30 Grad", behauptet der Herr Bademeister. Immer? Auch im Winter? „Nein, dann ist es kälter, 29 Grad."

Aber die Bahn ist schnell - falls die Angabe des Bademeisters stimmen sollten: 33 Meter lang. Insgesamt messe das Außenbecken etwa 43 Meter, sagt er. Und bis zu der Begrenzungswand, die indes nur die mittleren der fünf Bahnen abtrennt, seien es zehn Meter weniger. Ich schwimme meine 100er-Serie, die nun eben eine 99-Meter-Serie ist, deutlich schneller als daheim in meinem angestammten Becken. Entweder ist die Bahn im Molitor tatsächlich super schnell, oder sie ist doch ein bisschen kürzer als 33 Meter. Oder das Ambiente des grandiosen Bades beflügelt den Schwimmer. Gut möglich bei dieser Geschichte.

Bombensicheres Bad

Das nördlichste Schwimmbad der Republik in List auf Sylt ist fast 80 Jahre alt, Trainingsstätte von mehreren Inselvereinen - und ein Politikum

Ein imposantes, leicht gewölbtes Hallendach. Große Sprossenfenster, durch die an diesem strahlend schönen Spätsommertag die Sonnenstrahlen schimmern. Vier Bahnen, ein Drei-Meter-Brett und am Beckenrand ein Mann, der das Gebäude aus dem Jahr 1939 und die vor rund 25 Jahren erneuerte Technik kennt wie kein zweiter. Willkommen im nördlichsten Schwimmbad der Republik.

Ein kleiner Rundgang mit dem Schwimmmeister Mathias Roßberg, inklusive einer Stunde Nachhilfe in Sylter Kommunalpolitik. Roßberg kennt sich aus, nicht nur im Lister Hallenbad, auch auf der Insel. Er ist auf Sylt zur Welt gekommen, Mitglied bei der DLRG Sylt und Lister Gemeindevertreter. Wenn es nach den Bedenkenträgern auf der Insel ginge, sagt Roßberg, dann wäre das Hallenbad im nördlichsten Ort Deutschlands wohl längst geschlossen. Viele Schwimmer auf Sylt haben befürchtet, die Eröffnung der neuen Schwimmhalle in der Inselmetropole Westerland zur Jahreswende 2015/2016 würde das Aus für das imposante Bad mit dem bombensicheren Dach vollends besiegeln. Selbst manche Schwimmer und Wasserballer sagen, sie bevorzugten den Neubau im zentral auf der Insel gelegenen Westerland. Auch weil der Weg nach List angeblich so lang sei - rund 15 Kilometer von Westerland. Das neue Becken in Westerland ist aber mit Meerwasser befüllt, was wettkampfgemäßes Training torpediert - und es ist für manche Badesgäste zu tief, zum Beispiel für behinderte Schwimmer und für die Babyschwimmkurse, die nach wie vor in List stattfinden.

Die Betreibergemeinschaft, die das einst von der Wehrmacht erstellte Bad unterhält, macht trotz des schmucken Neubaus einfach weiter. Zu der Gemeinschaft gehört laut Auskunft von Mathias Roßberg allerdings nur noch die Sylter DLRG. Die anderen Sportvereine, die sich zusammengeschlossen hatten, seien ausgestiegen, nutzten das Bad aber nach wie vor. Bis dato fließen noch Zuschüsse, die die Kommunen auf Sylt überweisen. Aber bleibt das langfristig so? Das ist die bange Frage der Lister.

An diesem Nachmittag trainiert in List eine Kleingruppe auf den Bahnen eins und zwei. Nebenan schwimmt ein einsamer Triathlet. Und ich habe eine Bahn ganz für mich allein. Normalerweise sei mehr los, sagt der Schwimmmeister. Aber wegen der ungewöhnlich hohen Septembertemperaturen hätten sich die anderen Triathleten, die normalerweise auch kommen, wohl für eine der Sylter Alternativen entschieden: Schwimmen im Meer, Laufen am Strand, Rad fahren durch die Dünen. Die Trainerin der Nachwuchsschwimmer auf den Bahnen eins und zwei sagt, das Lister Bad sei weit besser geeignet als der Neubau in Westerland. In erster Linie wegen des Süßwassers. Anno dazumal sind Soldaten in dem Bad geschwommen, das so stabil gebaut worden ist, dass es selbst einem Bombardement hätte standhalten sollen. Zunächst kamen die Uniformierten der Wehrnacht, später, nach dem Zweiten Weltkrieg, britische Soldaten und dann Bedienstete der Bundeswehr.

Mathias Roßberg erzählt, dass die Lister Wasserballer Ende der 1940er-Jahre Deutscher Meister waren, weil das Lister Bad damals eines der ganz wenigen im Land gewesen sei, das nicht zerstört war. Training war andernorts kaum möglich, „und wer in List trainieren wollte, der musste Kohlen mitbringen, um den Heizkessel zu befeuern." Lange her.

Nach dem Abzug der Bundeswehr vor rund zehn Jahren hat ein Privatunternehmen den gesamten Militärkomplex inklusive Schwimmbad übernommen. Der Plan, auf dem Areal ein Nordsee-College zu eröffnen, ist längst beerdigt worden. Nun sollen auf einem Teil des Geländes Wohnungen entstehen. Das Bad indes soll nicht abgerissen werden. Es stehe unter Denkmalschutz, sagt der Schwimmmeister. Die Pacht sei vergleichsweise preiswert. Und wenn kleinere Reparaturen anstehen, dann versuchen der Schwimmmeister und die Betreibergemeinschaft Sponsoren zu finden und preiswerte, mitunter gebrauchte Ersatzteile zu ergattern.

Mathias Roßberg sagt, das alte Bad biete nicht nur den Sylter Vereinen tolle Möglichkeiten. Immer wieder werde das Hallenbad an andere Clubs vermietet. Die Gastsportler könnten entweder preiswert in der Lister Jugendherberge absteigen oder im Luxushotel Arosa. List sei ein prima Trainingsrevier - zum Beispiel für Triathleten. Sogar die Fußballer vom Hamburger SV seien schon mal in List abgestiegen. Den Weg in das betagte Bad hätten sie aber nicht gefunden, sagt Roßberg. Selber schuld. Ich komme seit meinem ersten Testschwimmen in diesem Bomben-Bad immer wieder gerne in die alte Schwimmhalle.

Und weg ist der Pool

Für Schwimmer ist es die Attraktion von Saint-Malo. Im Meerwasserbecken am Strand der nordfranzösischen Atlantikstadt krault man vor grandioser Kulisse.
Die Altstadt ist bei jedem Armzug im Blick. Hammer. Das Wasser ist ein bisschen wärmer als der Atlantik - jedenfalls bei Sonnenschein. Und wenn die Flut kommt, dann ist es ganz schnell weg, das einmalige Meerwasserbecken.
Wer zu spät kommt, den bestraft das Hochwasser. Er wird das Becken, das kostenfrei genutzt werden darf, kaum finden. Nur der Sprungturm ragt dann noch aus dem Wasser. Wer indes bei auflaufendem Wasser in das Becken steigt und ein paar Bahnen zieht, der wird - wenn er lange genug abwartet - Augenzeuge eines einmaligen Schauspiels.
Ein paar hundert Meter sind geschwommen. Nur gut, dass ich mein Handtuch und die Kleidung auf einem hohen Fels abgelegt habe und nicht am Beckenrand. Denn das Meer steigt auf einmal blitzschnell an. Die erste Welle schwappt an der dem Meer zugewandten Seite zunächst nur ganz leicht über die Beckenmauern. Dann geht alles ganz schnell. Die Wellen werden höher und höher. Trainieren ist jetzt kaum mehr möglich. Man würde die Wand verfehlen, entweder viel zu früh wenden oder aber gegen die ins Meer betonierte Mauer prallen.
Für ein paar Kinder und Jugendliche ist jetzt die tollste Zeit im Meerwasserbecken. Sie stürmen den Pool, rennen auf der Beckenumrandung, die bereits knöcheltief unter Wasser steht, herum, schreien, lachen, freuen sich des Lebens am Meer. Schwimmer, die ihre Bahnen ziehen wollen, müssen sich nun ein bisschen gedulden. In ein paar Stunden wird das Becken vom Atlantik wieder freigegeben. Und das Schauspiel beginnt von vorne.

Ein Marathon in der Weser

„Das war das Bekloppteste, was ich jemals gemacht habe", sagt Florian Battermann aus Hannover, als er nach 7:43 Stunden in Minden aus dem Weser steigt. Der Mann, Jahrgang 1974, kann sich kaum auf den Beinen halten. Aber er strahlt, ist zufrieden, dass er durchgehalten hat. Rund acht Stunden vorher. Ich stehe an diesem Samstagmorgen Anfang September zusammen mit 50 anderen Schwimmerinnen und Schwimmern am Rande eines kleinen Sees, der in die Weser mündet. Alle Ausdauersportler bereiten sich auf den Start des 3. Weserschwimmens vor, das Marcus Reineke, seine Frau Steffi und ein paar Helfer auf die Beine gestellt haben. Marcus Reineke betreibt eine Schwimmschule in Rinteln. Wir kennen uns seit ein paar Jahren, vom Eisschwimmen und von meiner SeenSucht. Keine Frage: eigentlich wollte auch Marcus mitschwimmen von Rinteln bis nach Minden, rund 42 Kilometer weit. Aber er hat sich kürzlich an der linken Schulter operieren lassen müssen, kann also nicht mitkraulen, muss zuschauen wie die Starter an diesem nebelig-mystischen Morgen ins Wasser steigen und auf das Kommando warten. Drei, zwei, eins - und ab geht die Post.

Die Weser hat rund 20 Grad, angenehme Bedingungen. Neoprenanzüge sind zugelassen, aber kein Muss. Ich habe mich für den Neo entschieden, auch als UV-Schutz. Die Orientierung in dieser Nebelsuppe über dem Wasser fällt zunächst nicht ganz leicht. Aber das DLRG-Boot, das wir umschwimmen müssen, ist zumindest zu erahnen. Nach ein paar hundert Metern sind die Schwimmer auch schon in der Weser, die mit geschätzt drei bis dreieinhalb Kilometern pro Stunde in Richtung Nordsee fließt. Die Schwimmer haben also ordentlich Rückenwind, aber deutlich weniger als im Vorjahr. Später im Ziel werden die Wiederholungstäter erzählen, dass sie damals etwa 50

Minuten schneller gewesen seien. Ein paar Spitzenschwimmer sind bald auf und davon, für viele andere längst außer Sichtweite. Aber bei diesem irren Rennen schaut eh jede und jeder fast ausschließlich auf sich. 42 Kilometer weit kraulen - das ist reine Kopfsache. Man sagt sich: heute stehen 42 Kilometer an, also schwimme ich halt 42 Kilometer weit. Nicht 32 und auch nicht 43.

Alle Starter sind offenkundig ganz gut trainiert. Viele haben aber noch nie so eine lange Strecke im Freiwasser bewältigt, Nicole Kurnap aus Paderborn zum Beispiel. Sie ist eben beim Start noch einigermaßen beeindruckt am Ufer gestanden und hatte ordentlich Respekt vor der Aufgabe. Mittlerweile krault Nicole irgendwo am Ende des Felds. Ein Zug rechts, einer links, einer rechts, einer links - so geht das nun schon seit gut einer Stunde. Dann taucht die erste Verpflegungsstation am linken Ufer auf. Kilometer acht. Wer sein vorher beim Veranstalter abgegebenes Futter und Getränk ergattern will, darf nicht zu spät nach links steuern, andernfalls saust der Schwimmer nämlich vorbei an den freundlichen Helfern in ihren neongelben Westen. Viele Weserschwimmer hatten den ersten Stopp eigentlich ausfallen lassen wollen, denn in den Bojen, die alle aus Sicherheitsgründen hinter sich herziehen müssen, steckten ja Trinkflasche und Riegel mit Sportlernahrung. Aber bereits beim Start sind viele Bojen gekentert, und der Proviant war perdu. Also anhalten bei Kilometer acht, einen Schluck trinken, eine neue Flasche in der Boje verstauen und weiter kraulen.

So oder so ähnlich geht das die nächsten paar Stunden. Die 42 Kilometer sind gedanklich in Etappen eingeteilt, man schwimmt immer nur von einem Verpflegungsstopp zum nächsten. Rechts ziehen, links ziehen, rechts, links, rechts, links. Ab und zu eine Trinkflasche verlieren und gelegentlich nach vorne schauen, das strengt zwar an, kann sich aber lohnen. Der Marcus hat kurz vor dem Start nämlich erklärt, dass wir auf geraden Streckenabschnitten möglichst in der Mitte der Weser schwimmen sollten und in den Kurven an der Außenseite, dann seien wir immer in der schnellsten Strömung. Das klappt mal besser und mal nicht so gut. Die GPS-Uhr am Handgelenk stoppt alle 500 Meter automatisch die benötigte Zeit. Meine schnellsten 500 Meter: etwa 3:30 Minuten, die langsamsten: gut fünf Minuten. Die Weser schiebt in der Tat ordentlich von hinten. An jeder der sechs Verpflegungsstationen gehen geschätzt zwei Minuten verloren. Aber was heißt schon verloren? Die Stopps sorgen für ein bisschen Abwechslung. Ein kurzer Plausch mit einem Helfer oder einem Mitschwimmer, einen Schluck Apfelsaftschorle oder Cola nehmen, einen Riegel oder ein Stückchen Banane. Und dann geht der Marathon im Wasser auch schon weiter.

Vlotho, 22 Kilometer - etwa Halbzeit. Florian Battermann wird später erzählen, dass er sich ernsthaft überlegt habe, hier auszusteigen. Hat er nicht getan, und er wird deshalb bei der Siegerehrung als einer von ganz wenigen Teilnehmern ausgezeichnet, die bei allen drei Weserschwimmen im Ziel angekommen sind.

Was mache ich hier eigentlich? Diese Frage geht vermutlich fast allen Schwimmern während der fünfeinhalb, sechs, sieben oder achteinhalb Stunden im Wasser nicht nur einmal durch den Kopf. Schnell wegschieben, solche Gedanken. Ankommen, das ist das Ziel! Fünf der 51 Starter müssen unterwegs trotzdem aufgeben.

Kilometer 27, der nächste Stopp. Also nur noch 15 Kilometer! Nur noch? Immer noch 15 Kilometer! Nicht weiter drüber nachdenken. Weiter kraulen, immer weiter. Mittlerweile hat sich das Feld weit auseinander gezogen. Nach 5.30 Stunden erreicht der Niederländer Remco van Althuis (Jahrgang 1983) als erster das Ziel, das auf einem Gelände der Bundeswehr liegt. Zehn Minuten später schlägt die schnellste Frau an: Lisa Dreesens (1991), ebenfalls aus den Niederlanden. Die Zielmarke ist ein aufgepustetes Gummitier, das am Ufer befestigt ist und auf dem Wasser treibt. „Selten so gerne einen pinkfarbenen Flamingo gesehen." Mit solchen und ähnlichen Worten steigen viele Schwimmer aus der Weser, mit schweren Armen und mit einem Lächeln im Gesicht.

Kilometer 42 - und immer noch kein Flamingo in Sicht. Das darf nicht wahr sein. Jetzt habe ich zunächst die Schnauze voll. Vom Weserwasser in eben dieser und von den elenden Kraularmzügen. Doch bald gerät ein pinkfarbenes Etwas ins Blickfeld. Meine Uhr zeigt 42,6 Kilometer - ich bin offenbar ein klein bisschen zickzack geschwommen - und 6:28 Stunden.

Nicole Kurnap, die Frau aus Paderborn, die noch nie soweit im Freiwasser gekrault ist, kommt nach 7:31 Stunden ins Ziel. Der langsamste Schwimmer erreicht nach 8:25 Stunden den Flamingo. Wer weiß, womöglich hat er aber mehr Körner gelassen als der Gewinner. Solche Fragen spielen später bei der Ehrung aller Teilnehmer im Freibad Rinteln ohnehin nur einer Nebenrolle.

Alle Marathonschwimmer werden gefeiert, und manche sind doch ein bisschen traurig. Denn der Marcus verkündet, dass der 3. Wesermarathon wohl der letzte gewesen sein dürfte. Dann indes stellt er in Aussicht, dass womöglich ein anderes Freiwasserschwimmen in der Weser ausgeschrieben werden soll. Mehr will der Schwimmer und Schwimmtrainer aber noch nicht verraten. Marcus, ich bin hoffentlich wieder dabei, egal wie weit wir dann kraulen.

Ausschwimmen

Krault Euch frei!

Ein Armzug rechts, einer links, einer rechts und wieder einer links. So geht das bei jedem Marathonschwimmen, viele Stunden lang. Seit früh am Morgen schwimmen wir schon nebeneinander her. Langsam und gemächlich - und doch mit kräftigen Armbewegungen. Abgesehen von ein paar kurzen Pausen sind wir seit gut acht Stunden im Wasser, immer noch nicht am Etappenziel angekommen, aber längst in Trance. Die Schaulustigen am Flussufer beachten wir nur selten. Langstreckenschwimmer sind ganz bei sich, sie können sich ja schlecht unterhalten. Und doch verstehen sie sich fast blind, im Wasser und nach dem Kraftakt am Ufer sowieso.

Wer ein paar Stunden oder ganze Tage im Freiwasser krault, in der Nordsee vor Sylt, im Neckar, in bayerischen Seen, wo auch immer, der erreicht früher oder später einen Punkt, den ich als das Swimmer's High bezeichne. So ein Schwimmerhoch ist gigantisch, ein einzigartiges Glücksgefühl. Der Schwimmer wird eins mit dem Wasser. Die Bewegungen haben sich spätestens nach ein paar Stunden komplett automatisiert. Das Eintauchen der Hände zu Beginn eines jeden Armzugs erzeugt ein stetiges leises Geplätscher, das sich mit dem gurgelnden Geräusch des Unterwasser-Ausatmens zum Soundtrack der Vollkommenheit mischt. Das Wasser ist nicht mehr der Gegner, sondern ein guter alter Freund. Klar, der Krauler muss das Wasser überwinden, doch immer wenn ihm das gelingt, dann wird er stärker. Körperlich, aber auch mental.

Die Qualen beim Langstreckenschwimmen machen glücklich, auch später, nach dem Kraulen. Qual und Glück sind wie Zwillinge. Wer sein Ziel im Wasser erreicht, das andere Seeufer oder die angepeilte Kilometerzahl in einer bestimmten Zeit, der hat beste Chancen, auch an Land, im Job und im Privatleben, der lässt sich nicht entmutigen, auch nicht vom Gegenwind.

Gelassenheit sei die anmutige Form des Selbstbewusstseins. Das hat die österreichische Schriftstellerin Marie von Ebner-Eschenbach vor mehr als 100 Jahren so schön formuliert. Viele Schwimmer verspüren speziell nach langen Trainingseinheiten diese anmutige Form des Selbstbewusstseins. Also los: Krault euch frei!

Mir kommen im Wasser oft die tollsten Ideen, ganz egal, ob ich im Fluss, im See, im Meer oder in einem schnöde gekachelten Sportbecken kraule. Anders als beim Rennen wird der Schwimmer nämlich kaum abgelenkt von Passanten, von Autofahrern, vom Lärm. Langstreckenschwimmer finden im Wasser Lösungen für alle möglichen Probleme - im Beruf, in der Partnerschaft, in der Erziehung der Sprösslinge. Ihnen kommen oft ganz spontan - gefühlt fast von allein - die tollen Ideen in den Kopf. Für die Abschlussarbeit des Studiums, für die Überschrift der nächsten Reportage. Sportler, die geistig arbeiten, wissen: Wenn ich in der Mittagspause ein paar Kilometer zügig kraule, dann bin ich anschließend wieder topfit für die nächste Hälfte des Tages im Büro. Der Kopf wird frei. Studien haben ergeben, dass Bewegung das Denken beflügelt, dass die grauen Zellen tatsächlich nachwachsen, dass die Gehirnmasse messbar zulegt. Untersuchungen belegen: Sport schützt vor Burn-out und Depression. Wer sich bewegt, der bleibt bis ins hohe Alter geistig fit.

Mein Freund Volker hat bei unserer Neckar-Längsquerung ein großes Ziel erreicht: Er hat aufgehört zu rauchen. Leider nur für die zwei Wochen im Wasser. Kaum war er wieder länger an Land und im Job, da glimmte auch schon wieder die Fluppe. Er sagt: „Ich sollte wieder in einen Fluss, in einen möglichst langen." Volker, ich bin dabei. Vielleicht in der Elbe?

SeeSeiten